일본인은 왜
속마음을 말하지 않을까

차례

Contents

들어가며

　오늘날 한일 간에는 독도 영유권 문제를 비롯하여 종군 위안부 문제, 야스쿠니(靖国)신사 참배 문제, 무역 불균형 문제, 역사 교과서 문제 등 여러 현안이 산적해 있다. 그러나 다행스럽게도 민간에서는 선린우호 관계가 착실히 전개되고 있다.

　최근 일본에서는 각종 미디어를 통해 언제 어디서든 한국에 대한 정보를 손쉽게 접할 수 있게 되었으며, 그 내용 또한 예전과 비교할 수 없을 만큼 다양해졌다. 한국에서도 그동안 금지해 오던 가요, 영화 등 일본 대중문화를 김대중 대통령 취임 이후 몇몇 단계를 거쳐 전면 개방했다. 또 자동차 등 일본 제품에 대한 수입규제를 철폐하여 한일 간의 연결 파이프가 더욱 돈독해지고 있다.

　그러나 한일 간에 사회문화적인 교류와 더불어 인적·물적 교류가 활발해지면 활발해질수록 동시에 오해나 마찰도 예상치 못한 형태로 발생하고 있다. 따라서 '오해나 마찰은 어떤 이유에서 발생하며, 어떻게 하면 해소할 수 있을까?'라는 학문적인 과제가 크게 부각되고 있다.

　이에 최근에 이문화(異文化, cross cultural) 마찰, 이문화 커뮤니케이션, 커뮤니케이션 차이(communication gap)라는 연구 분야가 주목을 받고 있다. 왜냐하면 이러한 노력은 단지 학문만을 위한 연구가 아니라, 유동하는 국제화 사회가 요구하는 현실 세계의 요구에 부응하게 하기 때문이다. 그렇다면 한국인과 일본인이 커뮤니케이션을 할 때 발생하는 오해나 마찰의 배경에는 어떤 언어문화적인 메커니즘이 존재하는 걸까?

　이 책에서는 오해나 마찰의 요인을 규명하고자 다양한 각도에서 조감을 하였다. 그리고 한국인과 일본인의 내면에 잠재되어 있는 언어문화적인 배경 차이를 해명하여 이문화 간 상호 이해의 실마리를 찾고자 한다.

　이와 같은 맥락에서, 이 책은 다섯 장으로 구성하여 주로 한국인과 일본인의 커뮤니케이션 스타일의 차이에 대해 논하고자 한다. 1장에서는 현지 조사를 통해 얻은 결과에 기초하여 한일 간 인사 표현의 실태와 실태의 배경이 되는 요인을 분석한다. 2장에서는 화제의 전개 방법과 대화의 진행을 관리하는 맞장구 표현에 초점을 맞추어 접근한다. 3장에서는 부탁과 거절의 대화전략에 대해 살펴보고, 침묵이 사회문화에 따라 어떻게 기능을 하는지를 비교한다. 4장에서는 한일 간의 호칭에 얽힌 오해와 편견에 대한 사례를 소개하고, 커뮤니케이션과 번역의 메커니즘에 대해 고찰한다. 마지막으로 5장에서는 한국어와 일본어의 경어와 대우법 표현 형태 그리고 친근감을 나타내는 스킨십과 스타일 변환에 대해 논한다.

이렇듯 이 책에서는 사회언어학과 언어인류학적인 관점에서 한일 간의 커뮤니케이션 스타일의 실태와 사례 그리고 각종 조사결과를 통해 실태의 배경이 되는 요인을 파악하고자 한다.

이 책이 한국인과 일본인을 이해할 수 있는 하나의 초석이 되어 한일 우호 증진에 미력하나마 이바지할 수 있다면 그야말로 뜻밖의 즐거움일 것이다. 독자 제현의 기탄없는 질타와 고견을 바라 마지않는다.

매뉴얼화된 일본 사회

일반적으로 인사에 실질적인 정보를 전달하는 기능은 거의 없다. 하지만 인사는 일상생활에서 없어서는 안 될 매우 중요한 행위 중의 하나로 우리 생활에서 마치 윤활유와 같은 역할을 한다. 그렇다면 우리가 일상생활에서 매일같이 하는 인사 표현에는 어떤 것들이 있으며, 상대와 상황에 따라 그 행동은 어떻게 달라질까?

이번 장에서는 먼저, 인사에는 어떤 유형이 있는지 개관하고자 한다. 그리고 한국인과 일본인은 일상생활 속에서 어떤 상대와 어떤 인사말을 주고받는지에 대해 주로 실태 조사의 결과에 기초하여 이야기를 전개하고자 한다. 그리고 각각의 사회문화에 대한 가치관이 반영되어 있는 인사장(人事狀) 문화에 대해 살펴보고자 한다.

반복해서 인사하는 일본인

커뮤니케이션 스타일이란?

본론에 들어가기에 앞서, 이 책의 핵심 키워드 중의 하나인 커뮤니케이션 스타일(communication style)이란 어떤 것인지 알아보자.

일반적으로 사람들은 이야기를 주고받을 때, 의식적이든 무의식적이든 이야기를 원활하게 진행하기 위해 여러 가지 대화전략을 사용한다. 예컨대 언제 이야기를 꺼내 언제 끝맺을 것인지 등을 생각하는 것이다. 남에게 무언가를 부탁할 때, 특히 어려운 부탁을 할 때는 이야기를 꺼내는 순간이 중요하기 때문에 더더욱 전략을 짜게 된다.

화제를 선택할 때도 어떤 화제를 선택하면 좋을지 고민을 한다. 문화 배경이 서로 다른 외국인과 커뮤니케이션을 할 때, 화제 때문에 예상치 못한 문제가 발생할 수도 있다. 이는 민족에 따라 상식이나 사회적인 규범이 서로 다르기 때문이다. 예를 들면 일본인에게 나이나 급료를 묻는 것은 그다지 좋은 화제라 할 수 없다는 식이다.

또 어떤 어조에 어느 정도의 속도로 이야기할 것인지, 손동작 등의 몸짓을 쓸 것인지 말 것인지, 만약 몸짓을 사용한다면 어떤 제스처를 써야 할 것인지 등과 같은 비언어적 커뮤니케이션(nonverbal communication)을 대화전략으로 사용하기도 한다.

이처럼 대화를 구성하는 요소나 대화전략을 사회언어학에서는 커뮤니케이션 스타일이라 하는데, 이러한 커뮤니케이션 스타일은 민족이나 지역, 계층, 성별, 학력 등 말하는 이가 어떤 그룹에 속하느냐에 따라 그 양상이 사뭇 다르다.

바꾸어 말하면 커뮤니케이션 스타일이란 언어행위를 하는 스타일로서 한국인은 한국인다운, 일본인은 일본인다운 스타일을 갖게 된다. 같은 맥락에서 남자는 남자다운, 여자는 여자다운 스타일이 있으며 학력 차이라든지 사회적인 계층에 따라서도 스타일이 서로 다르다. 즉 커뮤니케이션 스타일이란 '~다운 것'이라 할 수 있다. 물론 이러한 커뮤니케이션 스타일에 대한 연구는 몸짓, 표정, 시선, 신체적인 접촉 등 비언어 행동까지 포함한 이문화 간 커뮤니케이션에 대한 연구이다. 그렇다면 왜 이런 연구가 이루어지게 되었을까? 그 배경에 대해 생각해보자.

이문화 간 커뮤니케이션의 연구 배경

이문화 간 커뮤니케이션에 대한 연구가 이루어지기 시작한 것은 1960년대로 그 중심은 미국이었다. 미국의 이문화 간 커뮤니케이션 연구자인 사모바 등(Samovar, L.A, Poter, R.E. and Jain, N.C.)은 그들의 저서[1]에서 미국인들이 이문화 간 커뮤니케이션에 관심이 필요한 이유를 다음과 같이 설명하고 있다.

첫째, 1960년대 후반부터 1970년대 초반까지는 한마디로 지구촌 시대로 나아가는 시기였다. 교통수단의 비약적인 발달로 단시간에 세계 어디든 갈 수 있게 되었는데, 이는 인적 접촉이 많아졌다는 것을 뜻한다. 어느 누구나 손쉽게 이문화와 접촉하다보니 자기 나라와 다른 커뮤니케이션 스타일에 대해 관심을 갖게 되었다. 단순히 개인적인 흥미만이 아니라, 외교 분야 등 여러 가지 교섭을 할 때도 이문화 간 커뮤니케이션을 이해해야 할 필요성이 발생했다.

둘째, 1976년과 1978년은 미국을 찾는 외국인이 급증한 시기였다. 이는 우연의 일치일지 모르겠지만 미국인이 이문화 간 커뮤니케이션에 관심을 갖기 시작한 시기와 일치한다. 그리고 이 시기에 이란 등 다수의 제3세계 국가가 탄생하여 서방 세계의 이해를 초월하는 혁명정권이 수립되었다. 국제회의에서는 문화나 종교가 서로 다른 나라의 대표가 참가하여 전 세계적인 규모의 외교정책이 논의되었다. 필연적으로 이문화에 대한 이해가 필요하게 된 것이다.

셋째, 미국은 그전까지 국제 비즈니스 시장에서 부동의 리

더였는데, 다른 나라의 경쟁력이 강해짐에 따라 리더십이 약해졌다. 그뿐만 아니라 국내 시장에서조차 여러 나라의 영향을 받게 되었다. 또한 비즈니스나 취업 면에서도 이문화 이해가 필요하게 되었다. 오일쇼크가 말해주듯이 천연자원의 한계, 식량부족 등 심각한 문제에 대한 인식은 지구촌에 살고 있는 모든 사람들의 공통 관심사가 되었다. 더욱이 핵무기에 의한 비극을 피하기 위해 핵보유국 간의 밀접한 커뮤니케이션이 필요하게 되었다. 이러한 문제를 해결하기 위해서는 상호이해가 필요하다는 합의가 이문화 간 커뮤니케이션에 대한 관심을 고조시켰다. 세계정세를 전 지구 규모로 판단하지 않으면 안 될 지구촌 시대에 돌입하여 다양한 인종이나 종교, 문화를 초월한 상호 이해는 이문화 간 커뮤니케이션의 이해로부터 시작된다고 할 수 있다.

세계의 다양한 인사

부모들은 아이들한테 되도록이면 빨리 인사를 가르치려고 한다. 인사가 더없이 중요한 행위라는 것을 인식하고 있기 때문이다. 그리고 우리는 어떤 언어를 배우기 시작할 때, 대체로 인사말부터 배우기 시작한다. 영어의 '헬로(Hello)'일 수도 있으며, 일본어의 '곤니찌와(こんにちは: 점심 인사)'일 수도 있다. 아니면 두 손 모아 고개를 숙이는 태국식의 '와이(Waai)'라

든가, 내 안의 신이 당신 안의 신에게 감사드린다는 힌두식의 '나마스테(Namaste)'라는 비언어행동일 수도 있다.

이처럼 인사행동은 그 종류가 매우 다양해서 국가별로 많은 차이가 난다. 악수라든가 절 그리고 가벼운 포옹은 우리에게도 익숙한 인사법이지만, 동아프리카에서는 상대방의 손바닥에 침을 뱉기도 하고, 북아프리카나 아랍 국가, 뉴질랜드의 마오리오족은 서로 코를 문지르기도 한다. 한국인이나 일본인의 일상적인 인사법과 상당히 다르다는 것을 알 수 있다.

인간관계를 확인·유지시켜주는 인사표현

다음 대화를 통해 알 수 있듯이, 인사에 실질적인 정보를 전달하는 기능은 거의 없다. 하지만 서로 인사를 주고받으면 기분이 좋아질 것이다. 대인관계에 관심을 갖는 심리학자들은 이런 연구를 '대인교류분석'이라 한다.

A: 야아.

B: 야. 오래만이다.

A: 어때 잘 지냈어?

B: 응. 그럭저럭.

A: 요즘 뭘 하면서 지내니?

B: 내가 하는 일이 그렇지 뭐. 뭐 재미있는 일 있어?

A: 아니 별로,

B: 근데 덥다.

A: 응. 정말로 덥다.

B: 자, 그럼 갈까?

A: 그래 가자.

B: 그럼 다음에 봐.

이처럼 만나서 서로 인사를 주고받던 사람이 어느 날 갑자기 인사를 하지 않는다면 어떤 느낌이 들까? 무언가 분위기가 어색해지고 뜻하지 않는 오해나 억측을 낳을 수도 있을 것이다. 따라서 인사는 서로 간의 인간관계를 확인·유지시켜 주며 상대방의 존재를 인식하고 호의를 전달하며 심리적인 거리를 조절하는 기능이 있다. 때문에 인사란, 일상생활을 영위하는 데 없어서는 안 될 중요한 행위 중의 하나이다. 그렇다면 일상생활 속에서 의례적으로 이루어지는 한국어와 일본어의 인사 표현에는 어떤 것들이 있을까?

과거 지향적인 인사 표현과 미래 지향적인 인사 표현

한국어와 일본어의 인사 표현은 구미의 여러 언어뿐만 아니라, 중국어와 비교해보더라도 두 언어 간의 유사점이 많다.

먼저 한국어와 일본어는 상대방이나 상황에 따라 인사 표

현의 공손도를 달리하는 특징이 있다. 즉 같은 인사말을 하더라도 손윗사람인가, 손아랫사람인가에 따라 "안녕하세요(おはようございます)"라 하기도 하며, "안녕(おはよう)"이라 하기도 하는 등 표현을 달리한다.

또 공적인 자리와 같이 격식을 갖추어야 할 상황인가, 사적인 스스럼없는 상황인가에 따라 "부탁해(よろしく)"라는 반말투를 사용하기도 하고, "부탁합니다(よろしくおねがいします)"라는 공손한 표현을 사용하기도 한다. 그러나 영어와 중국어는 한국어와 일본어와는 달리, 상대방이 어떤 사람이든 간에 "Good morning(굿모닝)"이나 "你好(니하오)"를 사용한다. 즉 영어나 중국어의 인사 표현은 상대에 따른 공손도에 차이가 없다.

끝으로 일본어의 인사표현은 "先日はどうもありがとうございました(지난번에는 감사했습니다)" "いつもお世話になっております(항상 신세를 지고 있습니다)" 등 과거의 어떤 사항이나 행위에 대해 언급하는 경우가 많다. 이는 "Have a nice weekend"라든가 "Good luck" 등 미래의 사항이나 행위에 대해 언급하는 영어와는 대조적이다. 즉 일본어의 인사 표현은 과거 지향적인데 영어의 인사 표현은 미래 지향적이라는 것이다. 한국어도 "어제는 잘 들어가셨어요" "그동안 별일 없으셨죠" 등과 같은 표현을 자주 사용하는 것을 보면 과거 지향적이라 할 수 있다.

이런 점에서 한국어와 일본어의 인사 표현은 비슷한 점이 많다는 것을 알 수 있다. 그렇다면 서로 다른 점은 없을까?

일본인이 오해하는 한국의 인사 표현

인사 표현과 관련하여, 어느 일본인 교수의 경험담을 소개하고자 한다. 이 일본인 교수는 한국 대학에서 일본어를 가르치게 되었다. 부임 초에는 한국어를 거의 못했기 때문에 대학 내에서 서류를 준비한다든가 업무를 처리할 때는 학과 조교인 대학원생들이 도와주었다.

일본인 교수는 부임하면서 학과 동료 교수들에게는 간단한 선물을 준비했는데 잡무를 도와준 조교들에게 줄 선물은 미처 준비하지 못했다. 그래서 퇴근길에 유명 백화점에 들러 사탕을 사서 다음날 조교들에게 고맙다는 인사 표시로 선물을 했다. 조교들은 고마워하면서 예쁘게 포장된 사탕을 받았다. 그런데 일본인 교수는 며칠 후부터 조금씩 불만이 쌓이기 시작했다. 이유는 며칠 전에 선물을 건네준 후로 조교들로부터 감사하다는 말 한마디를 못 들었기 때문이었다. 일본인 교수는 "사탕이 참 맛있었습니다"라든가 "교수님, 잘 먹었습니다"라든가 무언가 선물에 대한 반응을 기대했는데 조교들이 서로 입이라도 맞춘 듯 말 한마디 하지 않더라는 것이다. 며칠이

지나도 조교들한테 선물에 대한 아무런 반응이 없자 '혹시 선물이 마음에 안 들어서일까?' 아니면 '선물이 너무 하찮아서 오히려 기분 나쁜 게 아닐까?'하며 불안해졌다고 한다.

일본인 교수가 한국인은 선물을 받고 훗날 그 사람을 만나더라도 감사의 인사말을 잘 하지 않는다는 것을 알게 된 것은, 이런 경험을 하고 난 다음이었다. 그런데 이 경험담에는 일본인들의 인사행동에 대한 중요한 의미가 숨겨 있다. 즉 일본인들은 이런 상황에서 상대방이 감사하다는 인사말을 해주기를 기대한다는 것이다. 바꾸어 말하면, 일본인들은 이런 상황에서 감사의 말을 한다는 것이다.

이처럼 감사 표현의 커뮤니케이션 스타일이 서로 다르기 때문에 일본인은 한국인이 인사를 잘 하지 않는 예의를 모르는 사람들이라 오해를 할 수 있다. 결국 이런 오해와 억측은 한국인과 일본인 인사 표현의 커뮤니케이션 스타일이 서로 다르기 때문에 발생한 미스커뮤니케이션(mis communication)의 한 가지 예라 할 수 있다.

일회 완결형과 반복 확인형

위의 사례를 통해 알 수 있듯이, 일본어의 감사 표현인 "每度どうも(매번 감사합니다)"라든가 "ありがとうございます(감사합니다)" 그리고 사죄 표현인 "いつもすみません(항상 미안합

니다)"은 그 자리에서 한 번만 하고 끝나는 것이 아니다. 다음에 만나더라도 일전에 있었던 어떤 사항이나 행위에 대해 몇 번이고 반복해서 인사를 하는 경우가 많다.

이런 일본인의 반복적인 인사는 매우 보편적으로 이루어져, 편지 등의 문장 표현을 통해서도 자주 접할 수 있다. 그렇다면 왜 일본인은 과거의 어떤 사항이나 행위에 대해 반복해서 인사를 할까?

일본인은 반복해서 인사를 하는 것이 상대방과 원활한 인간관계를 확인하고 유지시켜주는 하나의 방법이라고 인식한다. 반복해서 인사를 하는 것을 공손한 태도로 여기는 일본인의 가치관이 반영된 것이다.

이처럼 반복해서 몇 번씩이나 인사를 하는 일본인의 인사법을 '반복 확인형'이라 한다면, 한국인의 인사법은 한 번만 인사를 하는 '일회 완결형'이라 할 수 있다. 한국인은 어떤 사항이나 행위가 이루어진 자리에서 감사나 사죄하는 마음을 전하면 다음에 그 사람을 만나더라도 예전에 있었던 일에 대해 반복해서 인사를 하지 않는 편이다.

때문에 과거의 어떤 사항이나 행위에 대해 반복해서 인사를 하는 일본인은 한국인의 눈에 이상하게 보일뿐만 아니라, 실례가 되는 행동으로 받아들일 수 있다. 그래서 앞에서 소개한 사례의 경우, 일본인 교수에게 사탕을 받은 조교들이 감사하다는 인사를 반복해서 하게 되면 '더 받고 싶다'든가 '더 주세요'라는 의사표시를 한다고 생각해 반복해서 인사를 하지 않는 것이다.

공손함을 어떻게 표현할 것인가

일본인의 반복 확인형과 한국인의 일회 완결형은 언어행동으로서의 인사 표현에만 나타나는 것이 아니다. 비언어행동인 절을 할 때도 나타난다. 다음은 어느 일본인 가정에서 홈스테이를 한 한국인 유학생의 경험담이다.

집주인이 응접실로 안내를 해주어서 유학생은 공손하게 허리를 굽혀 절을 했다. 그런데 집주인이 허리를 굽혔다 폈다 반복하면서 몇 번씩이나 절을 했다. 그래서 자기도 집주인에 맞춰 허리를 굽혔다 폈다를 반복했다고 한다. 이처럼 일본인들은 만날 때나 헤어질 때, 감사하는 마음이나 미안함을 표현하기 위해 절을 여러 번 반복해서 한다. 이런 인사법은 TV에서 외국인들이 일본인을 특징화할 때나 희화화할 때 볼 수 있는 전형적인 모습이다.

한편 일본인처럼 절을 주고받는 사회인 한국은 허리를 굽혀 공손하게 한 번 절을 하는 것이 예의 바른 인사법이다. 때문에 일본인이 몇 번씩이나 허리를 굽혔다 폈다 반복해서 절을 하는 모습을 보면, 상대방에게 비위를 맞추려는 것처럼 보이기도 하고 때로는 비굴하게 보이기도 해서 부정적으로 평가하는 경우가 있다. 반면에 한 번만 인사하는 한국인의 인사법은, 일본인들에게는 너무 가볍고 성의 없어 보이며 냉담하게 느껴질 수 있다.

결론적으로 어떻게 하는 것이 공손한 행동이며 그렇지 않은 행동인가는 각각의 문화적 가치관이 반영되어 표출된다는 것이다.

정형표현이 많은 일본의 인사말

가족끼리도 인사를 자주 하는 일본인

우리는 아침에 일어나면 "잘 주무셨어요"라는 인사말을 비롯해서 식사를 할 때는 "잘 먹겠습니다", 먹고 나서는 "잘 먹었습니다", 학교나 회사에 갈 때는 "잘 다녀오겠습니다", 집으로 돌아와서는 "잘 다녀왔습니다" 등 상황에 따라 서로 다른 인사말을 주고받는다. 그렇다면 일본인들은 가정에서 가족에게 어느 정도 인사를 할까?

〈그림 1〉은 마세 외(馬瀬良雄)가 일본인, 대만인, 말레이시아인이 가족에게 얼마나 인사하느냐를 조사한 결과이다.[2] 조사 상황은 (A)저녁 식사를 하기 전 (B)저녁 식사를 마치고 나서 (C)자기가 외출할 때 (D)자기가 집으로 돌아왔을 때 (E)

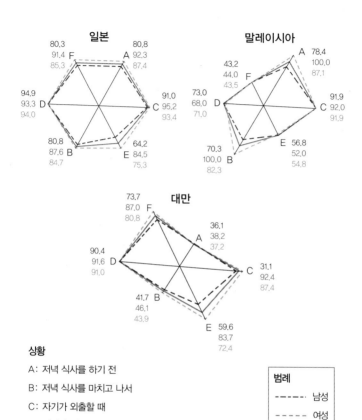

상황

A: 저녁 식사를 하기 전

B: 저녁 식사를 마치고 나서

C: 자기가 외출할 때

D: 자기가 집으로 돌아왔을 때

E: 가족이 외출할 때

F: 가족이 집으로 돌아왔을 때

범례

- - - - - 남성

- - - - 여성

――――― 평균

〈그림 1〉 일본, 대만, 말레이시아의 상황별 인사 비율

가족이 외출할 때 (F)가족이 집으로 돌아왔을 때이다.

결과를 보면 일반적으로 남성보다 여성이 인사를 더 많이 한다. 그리고 일본인은 대만인이나 말레이시아인에 비해 어떤 상황에서든 인사를 하는 비율이 높다는 것을 알 수 있다. 특히 자기가 외출할 때나 집으로 돌아왔을 때는 95% 가까이 인사를 한다. 재미있는 것은 대만인과 말레이시아인의 결과가 상반된다는 것이다. 대만인은 말레이시아인에 비해 외출할 때나 집으로 돌아왔을 때는 인사를 잘한다. 하지만 식사를 전후해서는 그 반대이다.

우리는 이런 결과를 보고 오해를 하거나 편견을 가질 수 있다. 대만인을 집에 초대해서 음식을 대접했다고 가정해보자. 식사를 마치고 난 다음 아무런 인사말을 하지 않는다면 대만인들은 인사도 할 줄 모르는 사람이라고 생각할 수 있을 것이다. 그렇다면 왜 대만인은 식사를 전후해서 인사를 잘 하지 않을까? 이는 중국어에 식사 전후 사용하는 정형화된 인사 표현이 거의 없기 때문이다. 따라서 식사를 전후해서 인사를 하지 않는 대만인을 오해해서는 안 된다.

가족끼리 인사를 잘 하지 않는 한국인

일상생활 속에서 한국인과 일본인은 어떤 상대에게 어떤 인사말을 사용할까? 그 실태를 파악하기 위해 한국과 일본의

대학생을 대상으로 조사한 결과가 있다.[3)]

〈표 1〉을 보면 일본 대학생의 60% 이상은 가정에서 가족에게 인사를 하는데, 한국 대학생은 그 절반에도 미치지 않는다는 것을 알 수 있다. 일본 대학생은 아침에 일어나서 "안녕히 주무셨어요(おはようございます)", 자기 전에 "안녕히 주무세요(おやすみなさい)", 식사하기 전에 "잘 먹겠습니다(いただきます)", 먹고 나서 "잘 먹었습니다(ごちそうさまでした)" 등 어떤 상황에서도 인사를 하는데, 한국 대학생은 거의 절반밖에 인사를 하지 않는다.

이런 결과를 보면 일본 대학생들은 한국 대학생들에 비해 가족끼리도 인사를 통해 일상을 공유하려는 경향이 강하다는 것을 알 수 있다. 이런 장면은 일본 TV에 나오는 일상생활 장면에서 자주 목격할 수 있다. 예를 들면 식사를 할 때 자식이 부모에게 소금이라든가 조그만 물건을 건네주면 부모가 자식

	한국	일본
기상 시	29.8	64.2
취침 시	38.9	60.4
저녁을 먹기 전에	21.6	69.3
저녁을 먹은 후에	32.6	66.9
평균	30.7	65.2

〈표 1〉 가정 내에서의 인사 (단위 %)

에게 "ありがとう(고마워)"라고 인사를 하는 경우가 많다.

　반면에 한국 대학생은 일상적으로 생활을 함께하는 가족과는 굳이 언어적 표현을 통해 인사를 해야 할 필요성을 느끼지 못하는 것 같다. 이는 암묵적인 행위로, 가족에게 굳이 말로 표현하는 것이 서먹하기 때문은 아닐까 생각한다.

상하관계보다 친소관계를 우선시하는 일본인

　앞에서 한국 대학생(30.7%)은 일본 대학생(65.2%)에 비해 절반 정도밖에 인사를 하지 않는다는 것을 알았다. 그렇다면 상황을 바꾸어 대학 안에서의 인사를 살펴보자.

　먼저 〈표 2〉를 통해 대학 내에서 인사를 하는 비율을 보면, 한국 대학생(68.2%)이 일본 대학생(67.5%)에 비해 조금이나마 더 많이 인사를 한다는 것을 알 수 있다. 따라서 일률적으로 한국인은 일본인보다 인사를 잘 하지 않는다고 말할 수는 없을 것 같다. 왜냐하면 상황이나 상대방에 따라 인사를 하는 빈도수가 달라지기 때문이다.

　다음으로 '교수님'에게 인사를 하는 비율을 살펴보면, 한국 대학생(70.0%)이 일본 대학생(45.7%)에 비해 상당히 높다. 하지만 '후배'한테는 57.4%로 '선배(71.3%)'나 '동급생(73.9%)'에 비해 상당히 낮다. 한국의 대학 사회에서 인사란 기본적으로 손아랫사람이 손윗사람에게 해야 할 경의(敬意)의 행동으로

	한국	일본
교수님에게	70.0	45.7
선배에게	71.3	78.3
동급생에게	73.9	79.1
후배에게	57.4	66.9
평균	68.2	67.5

〈표 2〉 대학 안에서의 아침 인사 (단위 %)

인식하고 있다는 것이다. 때문에 한국 대학생들은 상하관계에 의해서 인사를 하느냐 하지 않았느냐가 결정된다고 할 수 있다.

반면에 일본 대학생은 '교수님'에게 인사하는 비율(45.7%)이 가장 낮다. 가장 높은 '동급생(79.1%)'에 비해 꽤 낮은 편이다. 따라서 일본 대학생은 상하관계보다는 친하냐, 친하지 않느냐의 친소관계에 의해 인사 여부가 결정되는 것이다. 그렇다면 한국인과 일본인은 주로 어떤 내용으로 인사를 주고받을까?

다양한 인사말을 즐겨 쓰는 한국인

아침에 일어나 형제간에 주고받는 인사말을 살펴보면, 일본인은 "おはよう(안녕)"가 대부분을 차지한다. 반면에 한국인은 "잘 잤어?" "일어났어?" "안녕" 등 일본인에 비해 표현이 다양하다.

장소를 바꾸어 직장에 출근해서 주고받는 인사말을 살펴보더라도 일본인은 거의 일률적으로 "おはようございます"를 사용하는데, 한국인은 "어제 한잔했더니 힘든데" "좋은 아침" "일찍 나오셨네요" 등 다양한 표현을 사용한다.

한국인은 상대방이나 상황에 따라 그때그때 인사 표현을 달리 사용하는 특징이 있는 반면, 일본인은 거의 틀에 박힌 획일적인 표현을 즐겨 사용한다는 것을 알 수 있다. 결국 한국인과 일본인의 인사 표현은 언제, 어디서, 누구에게, 어떤 표현을 사용하느냐에 따라 상당히 차이가 난다.

일본에는 없는 한국식 인사말

일반적으로 일본의 대학생이나 교직원은 도시락을 싸오거나 학교 식당을 이용하는 경우가 많다. 반면에 한국 대학생과 교직원은 대체로 학교 식당이나 학교 주변에서 동료와 함께 다양한 화제를 주고받으며 식사를 하는 경우가 많다. 그리고 상당히 먼 곳까지 차를 몰고 나가 함께 식사를 하는 경우도 있다.

이런 점을 통해 한국인에게 점심시간이란 동료와 커뮤니케이션을 하는 중요한 장이라는 것을 알 수 있다. 그런데 일본에서는 이런 광경을 거의 찾아볼 수 없다. 그들은 집에서 싸온 도시락을 먹거나 혼자서 식사하는 경우가 많다. 다음은 대학가 식당에서 일어난 필자의 경험담이다.

　어느 날, 일본인 교수와 함께 학교 근처 식당으로 점심을 먹으러 갔는데 마침 가게 안은 학생들로 만원이었다. 일본인 교수와 함께 일어일문과 학생들이 식사하는 테이블을 지나 한쪽 편에 자리를 잡고 식사를 시작했다. 그런데 먼저 식사를 마친 학생들이 우리가 식사를 하고 있는 곳으로 다가와 "교수님, 맛있게 드세요. 먼저 실례하겠습니다"라고 인사를 하고 나갔다. 학생들의 이런 행동은 한국인에게는 아무렇지도 않으며 표현 또한 극히 자연스럽다. 그렇다면 이런 상황에서 일본 학생들이라면 어떻게 인사를 했을까?

　아마 교수와 매우 친한 사이거나 급한 용무가 없는 이상, 교수들이 식사하는 자리까지 와서 인사를 하는 경우는 거의 없을 것이다. 어쩌다 눈이 마주치면 가볍게 고개야 숙이겠지만 일부러 식사하는 자리까지 와서 인사를 하지 않을 것이며, 아무 말 없이 자리를 뜨더라도 누구도 버릇없는 행동이라고 하지 않을 것이다. 그리고 혹시 인사를 한다 하더라도 "お先に失礼します(먼저 실례하겠습니다)"라고는 하겠지만 "おいしく召し上がってください(맛있게 드십시오)"라고는 하지 않을 것이다.

　왜냐하면 일본인들은 "おいしく召し上がってください(맛있게 드십시오)"라는 표현을 부자연스럽게 느끼기 때문이다. 그

런데 이 표현은 문법적으로 틀린 곳이 없다. 그리고 한국어로 번역한 "맛있게 드십시오"라든지 "맛있게 드세요"라는 표현은 한국인이 일상적으로 사용하는 아주 자연스러운 표현이다. 그런데 왜 이 표현이 일본인에게는 부자연스러울까?

투명한 언어와 불투명한 언어

앞에서 언급한 "맛있게 드세요"의 '~세요'라는 표현은 형태상으로 볼 때, 명령형 종결어미로 주로 여성이 사용해왔다. 그러나 최근에는 남녀노소를 불문하고 널리 사용한다. 매우 귀에 익은 표현으로 "새해 복 많이 받으세요"를 예로 들어보자. 그 외에도 백화점이나 시장에서 옷을 사면 점원이 손님에게 "예쁘게 입으세요"라고 하고, 손님도 점원에게 "많이 파세요"라고 한다.

이런 상황에서 사용하는 한국어의 '하세요'라는 표현은 브라운과 로빈슨(Brown, P. and S. C. Levinson)의 폴라이트니스(politeness) 이론[4]에 의하면, 매우 적극적인 언어행동이라 할 수 있다. 이런 표현은 상대방과 연대감을 느끼거나 친근감을 나타내는 '적극적인 욕구(positive wants)'다.

그런데 일본인들에게 '하세요'라는 표현은 너무 직접적인 표현으로 직설적으로 들린다는 것이다. 그뿐만 아니라 맛있게 먹든 말든 그리고 예쁘게 입든 말든 자기 자유인데 '하세요'라고 말하는 것은 너무 간섭하는 것 같은 표현으로 남의 사생활을 침해하는 느낌이 든다는 것이다.

따라서 일본인들은 남에게 개인의 사적인 영역을 침해당하고 싶지 않다든지 방해를 받고 싶지 않은 '소극적인 욕구(negative wants)'에 대한 배려로써 상대방과 거리를 두는 표현을 즐겨 사용하는 특징이 있다. 때문에 한국어의 "맛있게 드세요"를 일본어로 번역하여 "おいしく召し上がってください"라고 표현하면 문법적으로 틀린 곳이 없는 문장일지라도 일본인은 부자연스럽게 느끼는 것이다.

이런 점을 통해 한국인은 적극적인 표현을 즐겨 사용하는 반면, 일본인은 소극적인 표현을 즐겨 사용하는 경향이 있다는 것을 알 수 있다.

또 한국인은 일본인에 비해 적극적으로 자기 의사를 표현하는 매우 '투명한 언어'를 사용한다고도 볼 수 있다. 그런데 한국인이 본 일본인은 공손한 것 같으면서도 '불투명한 언어'를 사용하여, 그들이 무엇을 생각하고 있는지 종잡을 수 없다고 느끼는 경우가 많다. 결국 이와 같은 인사 표현의 차이가 한국인이 생각하는 일본인에 대한 이미지, 그리고 일본인이 생각하는 한국인에 대한 이미지 형성에 많은 영향을 미치고 있다고 할 수 있다.

일본인의 생활습관과 포장문화

일본의 인사장 문화

인사장이라 하면 어떤 것들이 머릿속에 떠오르는가? 일반적으로 크리스마스 카드나 연하장, 관혼상제에 대한 안내장, 신장개업에 대한 인사장 그리고 일생을 살아가면서 중요한 일이 있을 때마다 서로 간에 주고받는 인사장 등을 떠올릴 수 있을 것이다.

일본인들은 이사를 한다든가 취직이나 개업을 할 때, 또는 자기 신변에 어떤 변화가 일어나면 보통 인사장을 보내 그러한 사실을 알린다. 특히 결혼식을 알리는 청첩장을 보낼 때는 피로연 참석 여부를 알리는 반신용 엽서를 동봉해서 보낸다. 반신용 엽서를 동봉해 보내는 것은 피로연장의 좌석이라든가 답례품, 음식 준비 등과 관계가 있다. 참석자를 파악하여 규모나 예산에 맞게 준비하고 예약을 하기 위해서다.

일본의 결혼식은 한국과 달리 양가의 가까운 친척들만 참석하여 신사나 호텔, 전문 결혼식장 등에서 신도(神道) 식으로 거행하는 것이 일반적이다. 그래서 청첩장에 답한 사람만 참석하여 호텔 등에서 피로연을 하는데, 참석자들도 정형화된 복장을 입는다.

매뉴얼화된 일본 사회

필자는 일본 유학 중에 지인의 결혼식에 참석하기 위해 축의금 넣을 봉투를 사러 문방구에 갔다가 깜짝 놀란 적이 있다. 이유는 결혼식용 봉투와 장례식용 봉투가 서로 다를 뿐만 아니라 세뱃돈을 담는 봉투, 납부금을 담는 봉투, 교통비를 담는 봉투 등 용도에 따라 각각의 봉투를 사용한다는 것 때문이었다. 이처럼 종류가 다양하고 용도가 각기 다른 봉투를 사용한다는 것은 일본인들이 그만큼 형식을 중시하며 무엇이든 용도에 맞게 구분해서 사용한다는 증거일 것이다.

그리고 일본의 서점에 가보면 상황에 따라 어떻게 인사말을 해야 할 것인지 알려주는 서적을 판매하는 코너가 마련되어 있다. 이와 같은 서적을 일본에서는 'How to 本'이라 하는데, 이런 서적이 많이 출판·판매되고 있다는 것은 그만큼 일본인들이 인사행동에 관심이 많다는 것을 말해주는 것이다.

반면에 한국에서는 관혼상제의 경우 하얀 봉투에 결혼식 때는 '축 화혼' 또는 '축 결혼'이라 쓰며, 장례식 때는 '부의(賻儀)'라고 써서 축하와 조의를 표하는 것이 일반적이다. 그리고 제례형식에 대한 서적은 있지만 일본처럼 언어행동의 규범이라든가 인사말을 어떻게 해야 할 것인지에 대한 서적은 좀처럼 찾아보기 힘들다.

결국 이런 점을 통해 일본은 정형화된 형식을 중시하여 매뉴얼대로 행동하는 매뉴얼화된 사회, 한국은 정형화된 형식보다는 상황에 맞는 각자의 자유로운 대응을 중시하는 사회인 것을 알 수 있다.

일본의 포장문화

미국의 문화인류학자인 J. 핸드리(Hendry, J.)는 '일본문화는 포장문화다'라고 정의하고, 그 특징에 대해 다음과 같이 논하고 있다.[5]

예를 들면 백화점에서 선물용으로 판매하는 과자가 고급이면 고급일수록 하나씩 예쁘게 포장되어 있다. 그리고 하나씩 포장되어 있는 과자를 또다시 상자에 넣어 예쁜 포장지로 포장한 다음 백화점 이름이 새겨져 있는 종이봉투나 보자기에 싸준다.

J. 핸드리는 이처럼 몇 겹으로 포장하여 선물하는 것이 일본에서는 예의를 갖추는 것이라 지적하였다. 구미 여러 나라와 비교해보면 과대포장이라는 감이 있지만, 일본에서 선물을 사본 사람이라면 누구나 일본의 포장문화를 공감할 수 있으리라 생각한다.

그는 이외에도 열두 겹으로 되어 있는 일본의 전통의상인 기모노(着物)나, 조그만 주머니 속에 들어 있어 속을 들여다볼 수 없는 부적, 또는 신사나 사찰의 건축양식에 대해 언급하면서 일본 포장문화의 의미에 대해 논하였다.

결국 포장이라는 행위 자체는 내용물보다 중요하지 않겠지만, 포장이 내용물 못지않게 중요한 의미를 갖는다고 생각하는 일본인의 생활습관이 잘 반영되어 있는 것이다. 이처럼 몇 겹으로 포장하는 일본인의 포장문화는 몇 번씩 반복해서 인사를 하는 행동과 비슷하다고 볼 수 있다. 따라서 일본인의 인사는 정형 표현을 반복하는 '반복 확인형'인 것이다.

지금까지 살펴본 것처럼 인사란, 일상적으로 우리가 주고받는 구어체 인사말은 물론 인사장과 같은 문어체 인사말까지 실로 그 형태가 다양하다. 그리고 보다 넓게 사회문화적인 관점에서 살펴보면 명함 교환, 결혼식 참석, 강연회 인사말, 추석이나 명절에 선물하는 습관 등도 인사에 해당한다.

한국어와 일본어는 구조적으로 유사한 점이 많다. 하지만 인사를 하는 형태와 표현 방법은 다르기도 하다. 따라서 인사가 양국의 사회문화를 이해하는 데 중요한 키워드라 해도 과언이 아닐 것이다.

일본인은 예스맨

커뮤니케이션 스타일은 민족이나 지역, 계층, 성별 등 말하는 이가 어떤 그룹에 속하느냐에 따라 그 양상이 사뭇 다르다. 그러면 한국인이 본 '일본인다운' 커뮤니케이션 스타일에는 어떤 것들이 있으며, 일본인이 본 '한국인다운' 커뮤니케이션 스타일에는 어떤 것들이 있을까?

이번 장에서는 먼저 한국인과 일본인의 화제 전개 방법 등 개인 영역(territory) 의식이 어떻게 다른지에 대해 논하고자 한다. 영역 의식은 상대방과의 거리나 소유물에 대한 인식과 같은 물리적인 측면과 사생활의 범위나 대인관계 등의 심리적인 측면으로 분류할 수 있는데, 여기에서 언급하려는 화제 전개 방법은 후자인 심리적인 측면과 관계가 있다. 그리고 대화의 진행을 관리하는 맞장구 표현이 상대나 상황에 따라 빈도수가 어떻게 달라지며, 그것이 무엇을 의미하는가에 대해서도 살펴보겠다. 끝으로 한일 간의 커뮤니케이션 스타일 차이에 의한 마찰에 대해 논하고자 한다.

질문을 좋아하는 한국인

정보제공을 요구하는 한국인

한일 양국의 언론사 등 여러 조사 전문기관에서 실시한 사회 조사 결과를 보면, 한국인이 본 일본인은 합리적이고 친절하지만 왠지 모르게 냉정하다는 이미지가 강한 듯하다. 이에 반해 일본인이 본 한국인의 이미지는 성격이 밝고 예의 바르지만 감정적이라고 보는 사람이 많은 듯하다.

그런데 개인적으로 한국인과 커뮤니케이션을 해본 경험이 있는 일본인 중에는 '한국인은 너무 직설적으로 말해 당황할 때가 많다'는 사람도 적지 않다. 예를 들면 만난 지 얼마 되지 않았는데 "몇 살이세요?"라고 나이를 묻는 사람들이 많다는 것이다. 일본인의 입장에서 보면 나이를 묻는 것은 상당히 예의에 벗어난 행위이다. 그렇다면 왜 한국인은 만난 지 얼마 되지 않았는데도 상대방의 나이를 물을까?

이는 유교의 영향을 받아 절대경어가 요구되는 한국 사회에서 나이가 상대방을 언어적으로 어떻게 대우해야 할 것인가를 결정하는 하나의 기준이 되기 때문이다. 따라서 한국인이 상대방의 나이를 알고 싶어 하는 것은 상대방을 언어적으로 어떻게 대우해야 할 것인지를 결정하여 그에 맞는 표현을 사용하고 싶기 때문이라 할 수 있다.

또 한국에서 살아본 경험이 있는 일본인이 한국에 대해 저술한 책을 보면, 만난 지 얼마 되지 않았는데도 "월급은 얼마 받느냐?" "어디 사느냐?" "자기 집이냐?" "집은 몇 평이냐?" 등을 꼬치꼬치 캐묻는 사람들이 많았다는 내용을 쉽게 볼 수 있다. 그러면 왜 한국인은 상대방의 사생활과 관계가 깊은 질문을 하는 것일까?

이와 관련해서 오쿠야마(奧山洋子) 교수는 한국과 일본 대학생을 대상으로 처음 만난 자리에서 주고받는 대화를 조사해 다음과 같은 흥미 있는 결과를 도출해냈다.[6]

〈표 3〉은 상대방과 처음 만난 상황에서 5분 동안 주로 어떤 화제로 이야기를 주고받는지에 대한 조사 결과다. 표에서 '자기 정보제공 화제 수'란 "○○○라고 합니다" 등 자기 자신에 대한 정보를 상대방에게 제공하는 화제의 횟수이다. 그리고 '상대방에 대한 질문 수'는 "성함은?"처럼 상대방에 대한 정보 개방을 요구하는 질문으로써 화제가 유도된 횟수이다.

	한국인	일본인
자기 정보제공 화제 수	4.2	6.0
상대방에 대한 질문 수	9.6	6.7

〈표 3〉 자기 정보제공과 상대방에 대한 질문 수 (최초 5분간)

먼저 자기 자신에 대한 정보를 제공하는 자기 정보제공 화제 수를 살펴보면, 일본 대학생(6.0)이 한국 대학생(4.2)보다 스스로 자기 자신에 대한 정보를 많이 제공하며 이야기한다. 그런데 상대방에 대한 질문 수를 보면, 한국 대학생(9.6)이 일본 대학생(6.7)보다 횟수가 많다. 즉 한국 대학생은 일본 대학생보다 비교적 자기 자신에 대한 정보를 제공하기보다는 상대방에게 정보제공을 요구하는 질문을 많이 한다는 것이다.

한편 일본 대학생끼리는 자기 정보제공 화제 수(6.0)와 상대방에 대한 질문 수(6.7)에 큰 차이가 없다. 이는 어느 한 쪽이 적극적으로 질문을 한다든가 자기 자신에 대해 일방적으로 이야기를 한다기보다는 쌍방이 비슷하게 정보를 교환하면서 이야기를 전개해간다는 의미다.

의문사 의문문을 즐겨 쓰는 한국인

처음 만나서 주고받은 5분간의 대화에서 '무엇' 또는 '어디'라는 의문사가 포함된 의문문은 얼마나 사용할까? 그 횟수를 조사한 결과도 있다.

일본 대학생은 평균 14.7번, 한국 대학생은 평균 19.6번 사용한다. 일본 대학생보다 한국 대학생이 질문을 통해 적극적으로 이야기를 전개한다는 것이다. 그렇다면 한국 대학생과 일본 대학생은 처음 만난 사람에게 구체적으로 어떤 질문을 할까?

일본 대학생은 진위 의문문을 비교적 많이 사용한다. 진위 의문문이란 "학생이세요?"라는 질문처럼 기본적으로 "네" 또는 "아니요"로 대답할 수 있는 질문 형태를 말한다. 때문에 이런 의문문은 질문을 통해 상대방에 대한 정보를 알아내는 의문문으로써 의문사 의문문보다 간접적이며 부드러운 표현이라 할 수 있다.

반면에 한국 대학생은 일본 대학생처럼 "네" 또는 "아니요"로 대답할 수 있는 진위 의문문도 많이 사용하지만 "무엇"이라든가 "어디" 등 의문사가 들어 있는 의문사 의문문을 많이 사용한다. "몇 년생이세요?" "어디 출신이세요?"와 같은 의문사 의문문은 "네"나 "아니요"로 대답할 수 없는 형태의 의문문으로 상대방에게 대답을 회피할 수 있는 기회를 주지 않는 직설적인 질문 형식이다. 그뿐만 아니라 한국 대학생은 의문사 의문문 중에서도 다음 대화문처럼 "왜"라는 의문사를 많이 사용하는데, 그 비율이 일본 대학생의 4배 정도라고 한다.

A: 남자친구 있어요?

B: 아니오, 없어요.

A: 왜 남자친구가 없어요? 예쁜데.

위의 대화문을 통해 알 수 있듯이, 처음 만난 사람에게 애인이 있느냐 없느냐를 묻는다는 것 자체가 사생활을 침해하는 사적인 화제이다. 게다가 다그치듯이 "왜?"라고 질문을 하면 상대방은 불쾌하게 생각할 수 있다. 그렇다면 왜 한국 대학생은 이처럼 구체적이고 직설적인 표현을 사용할까?

한국 사람이 구체적이고 직설적인 질문을 하는 것은 상대방에 대한 관심을 표현하는 방법이며, 친근하게 다가가기 위한 방법이라는 것이 보편적인 인식이다. 때문에 처음 만난 사람이라 하더라도 이것저것 꼬치꼬치 상대방의 신상에 대해 묻는다. 그리고 이런 과정을 통해 마치 오래전부터 알고 지낸 친구처럼 이야기를 이어간다. 특히 이런 경향은 같은 학교 출신이나 같은 지역 출신자라면 더욱 그렇다. 따라서 일본 대학생이 직설적이고 무례하다고 느끼는 질문이 한국 대학생에게는 원활한 커뮤니케이션을 위한 하나의 대화전략이 될 수 있는 것이다.

공격적인 한국인과 답답한 일본인

일본 대학생은 상대방에 대한 정보를 얻기 위해 자기가 먼저 질문을 하기보다는 상대방이 자기에 대한 정보를 제공하도록 완곡하고 간접적인 질문을 즐겨 사용한다. 그리고 상대방의 반응에 맞추어 가면서 이야기를 전개하는 '기다리는 방법'을 선호한다.

이에 반해 한국 대학생은 질문을 하는 빈도수나 내용에 있어서 상대방이 자기에 대한 정보를 제공해주기를 기다리기보다는 자기가 먼저 적극적으로 직설적인 질문을 하는 '공격적인 방법'으로 대화를 전개한다.

결국 이와 같은 커뮤니케이션 스타일의 차이 때문에 일본인에게 한국인은 직설적이며 공격적으로 보일 수 있다. 반대로 한국인에게 일본인은 핵심을 찌르지 않고 완곡하게, 그것도 애매모호하게 질문을 하기 때문에 답답해 보이며 때로는 '마음을 열어 주지 않는다'고 오해할 수 있다.

지금까지 한일 간의 커뮤니케이션 스타일에는 많은 차이가 있다는 것을 살펴보았는데 이런 연구의 궁극적인 목표가 한국인과 일본인의 원활한 커뮤니케이션을 위한 정보를 제공하는 데 있음은 두말할 것도 없다.

화자와 청자가 함께 완성하는 일본인의 대화법

맞장구를 많이 치는 일본인

상대의 말에 호응을 해주는 맞장구에는 여러 가지 기능이 있다. '이야기를 계속하세요'라는 '신호의 기능', 이야기 내용에 대해 이해를 나타내는 '이해의 기능', 판단이나 의견에 대해 찬성의 뜻을 나타내는 '찬성의 기능', 다시 한 번 말해주기를 바란다거나 정보의 추가·정정·설명을 요구하는 '요구의 기능' 등이다.

이 같은 기능과 더불어 상대방과 동일한 기분을 공유하기 위해 또는 새로운 정보를 제공하는 수단으로 맞장구를 치는 경우도 있다. 그리고 말하는 이와 듣는 이의 심리적인 태도를 파악할 수 있게 하고 정보의 소재를 전달해주는 역할도 한다. 이런 점에서 맞장구란 상대방에 대한 '배려'적 행동이라 할 수 있다.

맞장구 표현은 한국어, 일본어, 영어 등 어떤 언어이든 기본적으로 모두 존재한다. 주로 상대방 말을 들으면서 짧은 말이나 음성으로 반응하게 되는데, 한국어에는 '예'나 '응응' '그래그래' 등이 있으며, 일본어에는 'はい(네)'나 'そうそう(그래그래)', 영어에는 'Uh-huh'나 'Yeah' 등이 있다.

이미 많은 연구자들이 지적한 대로 일본인이 치는 맞장구는 독특한 특징이 있다. 예를 들면 맞장구를 치는 빈도수가 높으며, 화자도 상대방이 맞장구쳐주기를 기대하면서 대화를 이끌어간다는 것이다. 만일 맞장구를 치지 않고 그냥 이야기를 듣고만 있으면 일본인은 불안해져서 이야기의 내용을 재확인한다든지, 처음부터 다시 되풀이한다든지, 때로는 이야기를 중단해버리는 경우도 있다.

메이나드의 연구 결과[7]에 의하면, 일본인은 미국인보다 2.9배 정도 맞장구를 많이 친다고 한다. 그렇다면 한국인과 일본인을 비교한다면 어떨까?

먼저 TV와 라디오의 대담 프로에 나타난 맞장구 표현의 빈도수에 대해 임영철·이선민의 연구 결과[8]를 살펴보자.

〈표 4〉를 통해 1분 동안의 대담에서 맞장구를 친 횟수는 한국인이 평균 11번, 일본인이 18번 정도라는 것을 알 수 있다. 미국인과 비교했을 때의 2.9배에는 미치지 못하지만 한국인과 비교해볼 때도 일본인의 맞장구 빈도수는 상당히 많은 편이다.

	1분당 맞장구 횟수	평균 음절 수	맞장구 간의 평균 음절 수
한국인	11.37	309	27.17
일본인	17.52	400	22.85

〈표 4〉 TV·라디오의 맞장구 빈도의 한일 비교

그리고 맞장구와 맞장구 사이의 음절 수를 헤아려 보더라도 일본인(22.85)이 한국인(27.17)보다 자주 맞장구를 친다는 것을 알 수 있다. 즉 일본인은 상대방이 23음절 정도 말을 할 때마다 한 번씩 맞장구를 친다는 것이다. 23음절이라면 "지난 토요일에 그이와 함께 모처럼 뮤지컬을 보러 갔는데" 정도의 길이다. 일본인은 상대방이 이 정도 말을 하면 "それで(그래서)"나 "うんうん(응웅)" 등의 맞장구를 친다는 것이다.

일본어의 'はい'는 'yes'의 의미가 아니다

다음은 자기 의견과 일치할 때와 불일치할 때에 따른 맞장구의 빈도수를 이선아의 연구[9]를 통해 살펴보도록 하자.

〈표 5〉를 보면 자기 의견과 일치하지 않은 발언을 한 상대방과 이야기를 할 때, 한국인은 30.0%, 일본인은 한국인의 2배가 훨씬 넘는 81.3%가 맞장구를 친다는 것을 알 수 있다.

이미 맞장구의 기능에서 언급한 바와 같이, 상대방의 발화 내용에 대한 찬성이나 동의를 표명하기 위해 맞장구를 친다. 그런데 일본인은 상대방의 의견이 자기 의견과 일치하지 않

	자기 의견과 일치하지 않는 의견에 대한 맞장구	자기 의견과 일치하는 의견에 대한 맞장구
한국인	30.0	70.0
일본인	81.3	18.7

〈표 5〉 의견의 일치 불일치에 대한 맞장구의 출현 빈도 (단위: %)

을 때도 한국인보다 맞장구를 훨씬 많이 친다. 즉 자기 의견과 일치하지 않는 의견에도 맞장구를 친다는 점에서 일본인은 누구에게나 "はい"라고 대답을 하는 '예스맨(yes man)'이라 해도 좋을 정도다. 그런데 이처럼 자기 의견이 상대방 의견과 일치하지 않을 경우에도 맞장구를 치는 일본인의 언어행동을 어떤 의미로 해석할 수 있을까?

그런 상황에서 맞장구를 치는 것은 상대방 의견에 대한 반응이라기보다는 서로 자유롭게 이야기할 수 있는 분위기를 조성하려는 배려의 의미일 것이다. 때문에 일본인이 대화 중에 사용하는 "はい"라는 표현은 꼭 상대방의 의견에 동의한다는 'yes'의 의미가 아니라 단지 상대방을 배려하기 위한 극히 의례적인 표현이라 할 수 있다.

반면 한국인은 자기 의견이 상대방 의견과 일치하지 않을 경우(30.0%)에는 맞장구를 치는 비율이 상당히 낮다. 하지만 자기 의견과 일치할 경우(70.0%)는 그 의견의 타당성을 인정하고 맞장구를 쳐서 자기 입장을 표현한다는 것을 알 수 있다. 결국 이런 조사를 통해 알 수 있는 것은 한국인은 일본인보다 자기 의사를 분명하게 표출한다는 것이다.

떡방아를 찧듯이 맞장구를 치는 일본인

구미인의 대화 스타일은 자기가 하고자 하는 말을 끝마친

다음에 상대방의 말을 듣는 '대화(對話)' 타입이라 한다. 즉 상대방이 말을 할 때, 상대방의 말이 끝날 때까지 말허리를 자르지 않는다는 것이다. 반면에 일본인의 대화 스타일은 상대방이 말을 하는 도중에 효과적으로 맞장구를 치면서 말하는 이와 듣는 이가 함께 공동으로 마치 하나의 대화문을 완성해 가는 '공화(共話)' 타입이다.

때문에 일본인과 앵글로 색슨 계통의 서구인이 이야기를 할 때는 이와 같은 커뮤니케이션 스타일의 차이가 오해나 마찰의 요인이 된다는 것은 이미 잘 알려져 있다. 앞에서 언급한 바와 같이 일본인은 상대방에 대한 배려를 우선하는 공화적인 대화를 즐긴다. 그래서 말을 할 때에는 떡방아를 찧듯이 맞장구를 치면서 하나의 문장을 완성해가는 것을 이상적인 커뮤니케이션 스타일로 여긴다.

일본인의 맞장구에 속는 한국인

일본어에 'あいづち美人(맞장구 미인)'이라는 말이 있다. 이 말은 적당히 맞장구를 치면서 함께 공화적인 분위기를 만드는 사람을 뜻하는 말이다. 예를 들면 일본의 TV 프로그램 중에는 남자 아나운서와 여자 아나운서가 함께 진행하는 경우가 많은데, 여자 아나운서가 뉴스 내용에 따라 웃기도 하고, 때로는 슬픈 표정을 지으면서 고개를 끄덕이는 모습 등을 볼 수 있다. 왜 그럴까?

이는 때로는 놀란 듯이, 때로는 즐거워하며, 때로는 슬퍼하는 감정을 표출하여 시청자들과 함께 뉴스에 공감하고 감정을 공유하려 하기 때문이다. 결국 여자 아나운서의 행위는 시청자들과 함께 공감대를 형성하기 위한 하나의 연출이라 할 수 있다. 장면은 한국이나 미국의 TV 프로그램에서는 쉽사리 찾아볼 수 없는 장면이다.

이와 관련하여 한일 두 나라 모두 여성이 남성보다, 그리고 일본 여성이 한국 여성보다 맞장구를 많이 친다는 연구 결과도 있다. 이런 점들이 '일본 여성은 상냥하다'라는 이미지를 형성하는 하나의 요인이 될지도 모르겠다.

여러 사례를 통해 일본인은 한국인에 비해 맞장구를 많이 친다는 것을 알았다. 그런데 이렇게 맞장구를 많이 치는 일본인과 이야기를 주고받을 때, 한국인은 맞장구를 하나의 공화적 기능으로써 분위기를 조성하는 신호로 받아들이지 않고, 이야기를 계속하라는 신호로 받아들이는 경우가 많다. 특히 처음 만난 자리에서 일본인이 치는 맞장구를 한국인은 이야기를 계속하라는 신호로 받아들여, 될 수 있으면 친근한 분위기를 조성하려고 불필요한 정보까지 제공하고 나중에 후회하는 경우가 있다. 일본인이 치는 맞장구 때문에 자기도 모르는 사이에 제공하지 않아도 될 여러 가지 정보를 제공해 버리는 경우가 발생하는 것이다.

상하관계와 상황에 따라 변하는 맞장구 수

지금까지 TV나 라디오라는 방송매체를 통해 맞장구가 한일 간에 어떻게 다른지에 대해 살펴보았다. 그렇다면 대화 상대나 자리가 바뀔 경우 맞장구 빈도수는 어떻게 변할까? 〈표 6〉을 통해 살펴보자.

먼저 상대방과의 상하관계에 주목해보면, 상대방이 손윗사람일 경우 일본인은 맞장구 빈도수가 많아지는데(많아진다 61.7% 〉 적어진다 20.2%) 한국인은 낮아진다(많아진다 18.2% 〈 적어진다 71.2%). 정반대인 것이다. 즉, 한국인은 손윗사람 앞에서 맞장구를 많이 치는 행위는 공손하게 보이기는커녕 오히려 경솔하다는 인상을 줄 수 있으므로 삼가야 할 행동으로 여기는 것이다. 때문에 손아랫사람은 손윗사람 앞에서 될 수 있으면 말수를 줄이고 조심스러워하며 말로 의사를 표시하기보다는 자세를 똑바로 하고 상대방의 이야기를 경청하는 태도를 취한다.

다음으로 공적인 자리인가, 사적인 자리인가라는 상황의 격식 정도에 따른 빈도수를 살펴보면 일본인은 사적인 자리(많아진다 42% 〉 적어진다23.5%)보다 격식을 갖춘 공적인 자리(많아신다 42.2% 〉 적어진다 33.1%)에서 맞장구를 많이 친다. 하지만

		많아진다		변화 없음		적어진다	
		한	일	한	일	한	일
상대	손윗사람	18.2	61.7	10.6	18.0	71.2	20.2
	손아랫사람	34.0	27.3	42.2	53.6	23.7	19.1
장면	공적인자리	13.1	42.4	17.9	24.5	69.0	33.1
	사적인자리	65.2	42.0	29.2	34.4	5.6	23.5

〈표 6〉 한일 간의 맞장구 빈도수의 변화 (단위: %)

한국인은 일본인과는 반대로 공적인 자리(많아진다 13.1% 〈적어진다 69%)에서는 빈도수가 적어진다. 특히 한국인의 경우 자리에 의한 빈도수에 많은 차이('사적인 자리'의 많아진다 65.2% 〉적어진다 5.6%)가 난다.

이는 맞장구를 쳐야 할 장면과 치지 않아야 할 장면을 한국인이 일본인보다 분명히 구별한다는 뜻이다. 즉 상대방과의 상하관계와 상황의 격식 정도에 따라 한일 간의 맞장구에 대한 인식은 정반대라는 것을 알 수 있다.

커뮤니케이션과 이문화 간 마찰

서로 다른 문화의 언어적 동작

일반적으로 일본인은 손윗사람과 대화를 할 때, 맞장구를 많이 친다는 것을 알았다. 이는 맞장구를 많이 치는 것이 상대방의 의견에 대한 동의를 나타내고, 대화를 진행하기 쉬운 분위기를 조성하여 이렇게 하는 것을 공손한 태도로 여기기 때문이다. 그리고 한일 간의 맞장구 표현에 대한 의식조사 결과를 살펴보더라도 맞장구를 많이 치는 사람에 대해 긍정적인 이미지를 갖는 비율은 일본인이 한국인보다 높다. 즉 일본인들은 맞장구를 많이 치는 행위에 대해 긍정적으로 생각한다는 것이다.

그런데 상대방의 이야기에 자주 맞장구를 치는 행위는 남의 이야기에 끼어들어 말허리를 자르는 행위 보고 부정적으로 인식하는 민족이 있다. 특히 앞에서 언급한 앵글로 색슨 계통은 서로 눈을 바라보며 이야기를 함으로써 상대방의 발화에 대한 적극적인 관심과 이해를 표현하곤 한다. 이런 이유 때문에 구미인들의 맞장구 빈도는 일본인에 비해 낮다. 즉 시선을 마주치는 것이 맞장구 역할을 한다고 할 수 있다.

시선과 관련하여 버가스는 베트남인과 푸에르토리코인의 언어 조정 동작(regulator)에 대해 다음과 같은 사례를 소개하였다.[10]

첫번째는 미국으로 이주해온 베트남인의 이야기다. 베트남의 일상적인 생활양식을 배우고 성장한 베트남 어린이들은 누군가가 말을 걸어오면, 그 사람의 눈을 똑바로 보면서 말하라는 교육을 받는다고 한다. 그리고 상대방을 공격할 마음이 없다든가 겸손함을 나타낼 때는 일어선 채로 팔짱을 끼고 말을 하도록 교육받는다. 그렇다면 미국인 교사가 베트남 어린이를 꾸짖는 장면을 상상해보자. 베트남식 가정교육을 받은 어린이는 고개를 숙이는 것이 아니라, 오히려 똑바로 서서 팔짱을 끼고 당당하게 선생님의 눈을 바라볼 것이다. 그렇다면 이런 행동을 어떻게 해석해야 할까?

두 번째 사례는 뉴욕의 어느 고등학교 교사와 푸에르토리코 출신 여학생 사이에서 일어난 일이다. 교사가 푸에르토리코 출신 여학생의 비행에 대해 추궁하자, 그 여학생은 선생님의 눈을 바라보지 않고 밑을 내려다보면서 고개를 숙인 채 얼굴을 들지 않았다. 푸에르토리코 출신 여학생의 이런 행동이 비행을 인정하는 태도라고 속단한 교사는 여학생을 정학 처분해버렸다. 그렇다면 왜 푸에르토리코 출신 여학생은 고개를 숙였을까?

푸에르토리코에서는 자기가 잘못한 것이 없을 경우, 어른들과 시선을 맞추지 않는 것이 존경과 복종을 나타내기 때문이다. 그러나 앵글로 색슨 계통의 미국인은 꾸지람을 들을 때, 시선을 회피한다는 것은 자기의 잘못을 인정한다는 의미이다. 결국 베트남 어린이도 푸에르토리코 출신 여학생도 자기 문화에서는 적절한 행동으로 교육받은 것을 단지 실천에 옮

겼을 뿐인데, 미국인 교사가 다른 문화의 언어적 동작에 대한 메시지를 잘못 해석한 데서 일어난 사례이다.

시선을 마주치지 않는 일본의 커뮤니케이션

우리는 커뮤니케이션이라는 말을 들으면 어떤 장면을 상상하는가? 흔히 얼굴을 마주 보고 이야기를 주고받는 장면을 상상할 것이다. 이처럼 얼굴을 마주하고 이야기를 주고받는 행위를 대면 커뮤니케이션(face to face communication)이라 한다면, 일본 문화에는 처음부터 대면 커뮤니케이션이라는 스타일은 없었다고 할 수 있다.

예를 들면 일본 전통문화의 하나인 다도는 주인과 손님이 한 잔의 차를 매개로 이루어지는 커뮤니케이션 의식으로 상대방의 눈을 직시하지 않는 것이 예의이다. 때문에 차 이외에 족자나 꽃꽂이 병, 또는 차의 거품을 내는 차선(茶筅)이라든지, 가루차를 뜨는 숟가락(茶杓)과 같은 차 도구가 시선을 완화하는 완충재 역할을 한다.

일본은 일찍이 서구로부터 문물을 받아들여 사회 전체가 많은 변화를 거쳐왔지만, 생활양식에 있어서는 자신들의 모습을 유지시켜온 편이다. 오늘날의 영화나 드라마를 보더라도 식탁에서 신문을 보고 있는 아버지와 부엌에서 일을 하는 어머니가 시선을 맞추기는커녕 얼굴조차 쳐다보지 않고 대화를 주고받는 장면을 자주 볼 수 있다.

　이와 마찬가지로 한국 사회도 다양한 형태의 커뮤니케이션 스타일이 있는데, 적어도 시선에 관해서는 한국인이 일본인보다 눈을 마주 보며 커뮤니케이션을 하는 경향이 강한 편이다. 따라서 구미인뿐만 아니라 한국인과 비교해보더라도 일본인은 대면을 회피하고 되도록이면 시선을 맞추려 하지 않는 형태의 커뮤니케이션을 하나의 규범으로 여기고 실천하고 있는지도 모른다.

　정리하면 한국에서는 손윗사람 앞에서 맞장구를 많이 치는 것을 삼가는 한편, 상대방의 눈을 바라보고 이야기하면서 대화에 대한 적극적인 관심과 성의를 나타낸다. 반면에 일본인들은 상대방의 눈을 바라보면서 이야기하는 것을 심리적으로 부담스러워 하면서도 맞장구를 많이 친다. 따라서 한국인의 시선 문화는 구미인과 비슷하다고 할 수 있다. 또한 서로 눈을 바라보면서 이야기를 주고받는 것은 상대방에 대한 진지한 태도를 나타내며, 그렇게 하는 것을 공손한 태도로 여긴다. 단, 한국에서도 손윗사람에게 꾸지람을 들을 때 상대방의 눈을 똑바로 바라보면 반항적인 태도로 받아들일 수 있으므로 이 경우는 시선을 맞추려 하지 않는다.

　지금까지 처음 만난 사람과 대화를 할 때, 화제를 전개하는 방법, 맞장구를 치는 방법, 시선 처리 방법을 통해 한국인과 일본인의 커뮤니케이션 스타일이 상당히 다르다는 것, 그리고 한국인과 일본인의 공손함과 친근감의 표현 방법은 자기 문화의 가치관이나 행동 규범에 따라 표출된다는 것을 확인했다.

서로 다른 문화를 가진 사람들이 커뮤니케이션을 하면서 오해를 하는 경우가 있는데, 그런 오해가 생기는 대부분의 원인은 상대방의 커뮤니케이션 스타일을 자신의 척도를 기준으로 해석하기 때문이라는 점은 두말할 필요도 없을 것이다.

경의를 어떻게 표현할 것인가

미국의 언어인류학자인 베일리(Bailey, B.)는 오해의 메커니즘을 규명하고자 로스앤젤레스 시내 재미교포 가게를 대상으로 재미교포와 아프리카계 미국인(흑인)이 대면 커뮤니케이션을 할 때 상대방에게 어떤 식으로 경의(respect)를 표하는지에 대해 조사했다.[11]

재미교포들은 되도록이면 상대방에게 말을 걸지 않고 관여하지 않는 것이 공손한 행위로 여긴다. 반면에 흑인들은 상대방에게 적극적으로 말을 걸고 관여하는 것이 경의를 나타내는 행위로 여긴다. 때문에 흑인들은 모르는 사람에게 농담을 하는 등 자기의 감정을 솔직하게 나타내는 것이 상대방과 좋은 관계를 유지하는 중요한 행위라고 생각한다.

그런데 이와 같은 그들의 언동이 재미교포들에게는 '방자하고 교양 없는 행동'으로 보일 수 있다. 그러나 흑인들은 자신들의 공동체 안에서 통용되는 경의의 표현법이 재미교포들에게는 통하지 않으므로 재미교포들을 '불친절한 인종차별주의자'로 인식한다는 것이다.

이런 문제는 비단 재미교포와 흑인들에게만 국한된 문제가 아니다. 사람들은 자기가 속해 있는 언어공동체를 기준으로 다른 사람의 언행을 판단한다. 때문에 자기와 대화의 틀이 다른 상대방과 커뮤니케이션을 할 때는 오해와 균열이 발생하게 된다.

서로 적절한 대화의 틀 이해하기

이와 같이 커뮤니케이션에서 '적절한 대화의 틀'의 차이가 하찮은 문제라고 생각할지 모르겠다. 그러나 여러 명의 백인 경찰관이 한 사람의 흑인 남성에게 부당한 폭행을 가한 '로드니 킹 사건'을 계기로 1992년 4월에 발생한 로스앤젤레스 폭동을 상기해 보면 그것이 하찮은 문제가 아님을 알 수 있다. 방화와 도난이 이어지는 대혼란 속에서 흑인들이 재미동포가 운영하는 가게를 습격하여 2천여 채에 달하는 상점을 불태워버린 사건도 발생했었기 때문이다. 물론 흑인과 재미동포들과의 충돌 배경에는 여러 가지 사회·경제적인 문제가 복잡하게 얽혀 있으리라 생각한다. 그러나 베일리가 지적한 바와 같이, 커뮤니케이션 스타일의 차이가 상대방에 대한 불신감으로 이어지며, 이런 불신감이 축적되어 뿌리 깊은 멸시와 차별 의식을 만들어내는 것이다.

이와 마찬가지로 한국인과 일본인 간에 일상적으로 일어날 수 있는 하찮은 행동이 자신들도 모르는 사이에 뜻밖의 오해와 편견으로 이어지지 않는다고 단언할 수만은 없을 것이다. 때문에 상대방의 '적절한 대화의 틀'을 이해하고, 그 실태와 실태의 배경이 되는 원인을 규명한다는 것은 매우 중요한 의미를 갖는다 하겠다.

변명하지 않는 일본인

커뮤니케이션 스타일 차이는 오해와 편견을 낳고 오해와 편견이 반복되어, 결과적으로 서로의 모습을 왜곡해 해석하는 데까지 영향을 준다. 이번 장에서는 거절 표현에 초점을 맞추어 한국인과 일본인은 부탁을 어떻게 거절하는지, 거절의 대화전략에 대해 조사 자료를 토대로 그 유형을 개괄하고자 한다. 또 거절의 표현으로 쓰이는 '침묵'이라는 대화전략이 문화에 따라 그 의미가 달라지는 경우를 살펴볼 것이다. 말이 무기가 되는 사회와 침묵이 무기가 되는 사회가 존재하는 것처럼 말이다. 그래서 한일 간 침묵의 의미를 살펴보고, 끝으로 사죄 표현에 대해서도 고찰하고자 한다.

자기 입장을 적극적으로 주장하는 한국인

No라고 말할 수 있는 일본인?

아는 사람이 무언가를 부탁해왔을 때, 그것을 거절하는 데 마음이 무겁지 않은 사람은 거의 없을 것이다. 물론 내용에 따라 다를 수 있겠지만 부탁을 받고 정면으로 거절하려면 어느 정도 용기가 필요할지도 모른다.

한때 일본에서는 'No라 말할 수 있는 일본인'이 유행하여, 'No'라고 자기 의견을 밝힐 수 있는 사회적인 분위기는 어느 정도 조성되었다고 할 수 있다. 그럼에도 불구하고 일본인은 일반적으로 부탁이나 요구에 대해 거절을 잘 못하는 편이다. 그렇다면 한국인은 어떨까?

일본인이 저술한 한국 문화라든가, 한국 사회에 대한 서적을 읽어보면 많은 일본인이 한국인에게 여러 가지 부탁을 받고, 그 부탁을 거절하는 데 매우 힘들었다는 사례를 소개하고 있다. 다음에 소개하는 사례도 그 중 하나다.

한국에서 일본어를 가르치는 어느 일본인 교수가 일시 귀국할 일이 생겼다. 그런데 잘 아는 한국인 교수가 도쿄에 근무하는 자기 아들에게 김치를 갖다줄 수 없겠느냐는 부탁을 해왔다. 일본인 교수는 양이 얼마 되지 않으리라 생각하고 흔쾌히 승낙했다. 그런데 한국인 교수는 10kg이 훨씬 넘을 김치를 공항으로 가져와 별로 미안한 기색도 없이 건네주는 것이었다. 일본인 교수는 깜짝 놀랐다.

솔직하게 거절하는 한국인과 애매하게 거절하는 일본인

한국에는 품앗이라는 문화가 있다. 품앗이는 한국 사회에서 인간관계를 유지하는 데 매우 중요한 의미를 갖는다. 품앗이를 거절하면 지금까지 쌓아왔던 인간관계가 소원해지는 경우도 많다. 상부상조의 정신을 갖고 있기 때문이다.

한국 사회는 무언가를 부탁하는 것이 상호 간에 친근감을 확인하는 행위의 하나로, 상대방에게 신세를 짐으로써 관계를 맺어나가는 경우가 종종 있다. 그런데 일본인은 어려서부터 남에게 폐를 끼치고 신세 지는 행동을 해서는 안 된다고 교육을 받는다. 때문에 한국인에 비해 상대방의 입장을 배려해서 부탁을 하는 편이다. 그렇다면 한국인과 일본인은 부탁을 어떻게 거절할까?

임현수는 한국과 일본의 TV 드라마 중에서 거절 표현이 나타나는 담화를 대상으로 한국인과 일본인의 거절 표현을 몇 가지 유형으로 분류하여 〈표 7〉처럼 나타냈다.[12)]

한국인은 "하기 싫어" "안 돼" 등 솔직하게 자기 의견을 표명하는 '솔직형'과 변명을 하는 '변명형' 그리고 "사정이 여의치 못하다"는 등 편의상 거짓말을 하는 '허위형' 순으로 많이

한국인	솔직형 〉 변명형 〉 허위형
일본인	애매형 〉 연기형 〉 솔직형

〈표 7〉 한국인과 일본인의 거절 표현의 유형

사용한다. 이에 비해 일본인은 "実ば そのことは……(실은 그 일은……)"같이 말끝을 흐리는 등 분명한 의사표명을 회피하는 '애매형'이 많으며, 부탁에 대한 결단을 유보하는 '연기형'과 솔직하게 거절하는 '솔직형' 순이다.

변명에 대한 한국과 일본의 인식 차이

구체적으로 살펴보면 한국인의 경우, '솔직형'은 주로 친한 사람의 부탁을 거절하는 방법으로 손윗사람에게는 잘 사용하지 않는다. 일본인도 한국인과 마찬가지로 손윗사람에게는 거절을 잘 하지 않는다. 그러나 '변명형'의 경우, 한국인은 친구처럼 가까운 사람뿐만 아니라 회사의 상사와 같은 손윗사람에게도 빈번하게 사용한다. 이와 같은 결과는 한국인은 손윗사람이 무언가 부탁을 해왔을 때, 안 된다고 솔직하게 거절하면서 그 이유에 대해 변명을 하는 경향이 일본인보다 강하다는 것이다. 반면에 일본인들은 손윗사람에게 변명을 하는 것은 불성실한 태도라고 생각한다. 그래서 약속 시간에 늦어지면 "すみません(미안합니다)"이라고 사과만 할 뿐, 그 이유에 대해 구체적으로 변명을 하지 않는 경향이 있다.

이에 비해 한국인들은 약속 시간에 늦어지면 상대방이 손윗사람이라 하더라도 "차가 막혀서"라든지, "버스가 늦게 와서"라든지, 약속 시간에 늦어진 이유도 말하고 사과를 한다. 왜 한국인들은 이처럼 변명을 할까? 이는 한국인은 일본인보다 자신의 입장을 보다 강하게 주장하는 표현법을 즐겨 사용할 뿐만 아니라, 구체적으로 변명을 하지 않으면 불성실한 사람으로 여겨질까 염려하기 때문일 것이다. 그렇다면 한국인과 일본인은 어떤 대화전략을 사용해서 부탁 받은 것을 거절할까? 임영철·김윤희의 조사 결과를 살펴보자.[13]

다양한 방법으로 거절하는 한국인

부탁을 거절할 때 사용하는 대화전략은 확인, 사죄, 이유 설명, 대안 제시, 불가 표명, 이해 요구, 약속, 감사, 주의 환기, 전제조건 제시, 임시 수용, 머뭇거림 등 매우 다양하다.

〈표 8〉을 통해 한국인과 일본인이 거절할 때 사용하는 대화전략은 '사죄〉이유 설명〉불가 표명〉약속' 순으로 사용 빈도 순위가 동일하다는 것을 알 수 있다. 그런데 구체적으로 살펴보면, 일본인은 상위 4위까지가 약 85%를 차지하는 반면, 한국인은 약 65%로 일본인이 한국인보다 20% 이상 높다는 것을 알 수 있다.

즉, 한국인은 다양한 방법으로 상대방의 부탁을 거절하는

거절의 표현 방법	한국인	일본인
사죄	105 (22.8)	111 (30.1)
이유 설명	98 (21.3)	94 (25.5)
불가 표명	53 (11.5)	63 (17.1)
약속	43 (9.3)	41 (11.1)
대안 제시	34 (7.4)	7 (1.9)
주의 환기	31 (6.7)	0 (0)
전제조건 제시	27 (5.9)	25 (6.8)
머뭇거림	27 (5.9)	3 (0.8)
임시 수용	24 (5.2)	16 (4.3)
이해 요구	11 (2.4)	1 (0.3)
확인	5 (1.1)	6 (1.6)
감사	2 (0.4)	0 (0)
기타	0 (0)	2 (0.5)
전체	460 (100)	369 (100)

〈표 8〉 한일 거절표현의 대화전략 (단위 : 출현 수(%))

데 비해 일본인은 정형화된 대화전략을 사용하여 거절한다는 것을 의미한다. 앞에서 한국인은 다양한 인사 표현을 일본인은 정형화된 인사 표현을, 즐겨 사용한다고 했다. 이와 마찬가지로 부탁에 대한 거절도 인사 표현과 그 경향이 비슷하다는 것을 확인할 수 있다.

거절 표현 중에서 '불가 표명'에 대한 비율을 살펴보면, 한국인(11.5%)보다 일본인(17.1%)이 약간 높다. 그런데 누군가가 부탁을 해왔을 때 사용하는 '불가 표명'은 직접적인 거절 표헌으로 부담을 느낄 수 있다. 때문에 불가를 표명할 때는 거절에 대한 부담을 줄이고 상대방의 기분을 상하지 않기 위해 불가 표명 앞뒤에 어떤 발화를 삽입하여 거절하는 이유를 설명하는 것이 일반적이다. 그렇다면 한국인과 일본인은 불가 표명 앞뒤에 어떤 말을 삽입하여 거절할까?

거절 이유를 먼저 말하는 일본인

먼저 〈표 9〉를 보자. 한일 양국 모두 불가 표명 앞뒤에 어떤 발화를 삽입하는 '이전 유형+불가 표명+이후 유형'의 비율이 가장 높으며, 이런 유형은 한국인(81.1%)이 일본인(57.1%)보다 많이 사용한다는 것을 알 수 있다.

그리고 한일 양국 모두 불가를 표명한 다음에 어떤 발화를 삽입하는 '불가 표명+이후 유형'은 한 번도 나타나지 않았다. 그런데 불가를 표명하기 이전에 어떤 발화를 삽입하는 '이전 유형+불가 표명'은 일본인(39.7%)이 한국인(17.0%)보다 두 배

유　　형	한국인(%)	일본인(%)
불가 표명+이후 유형	0(0.0)	0(0.0)
이전 유형+불가 표명	9(17.0)	25(39.7)
이전 유형+불가 표명+이후 유형	43(81.1)	36(57.1)
불가 표명만	1(1.9)	2(3.2)
합　　계	53(100.0)	63(100.0)

〈표 9〉 한일 간의 불가 표명 전후의 유형 (단위 : 출현 수(%))

이상이다. 즉 한국인은 불가 표명 앞뒤에 어떤 발화를 삽입하고, 일본인은 불가 표명 앞뒤에 발화를 삽입하기도 하지만 불가 표명을 하기 전에 어떤 발화를 삽입하여 불가능한 이유를 설명하는 비율이 비교적 높다는 것을 알 수 있다.

부탁을 거절하는 두 나라의 대화전략

부탁을 거절할 때 사용하는 대화전략은 사적인 이유, 공적인 이유, 관례적인 이유 등 매우 다양하다.

사적인 이유에는 개인 능력, 집안 관련, 사적 관련 업무가 있으며, 공적인 이유에는 공적인 약속, 공적인 업무가 있다. 마지막으로 관례적인 이유에는 "선약이 있어서"와 같은 이유를 관례적으로 사용하는 것을 말한다. 그렇다면 이유별 대화전략의 사용 빈도는 어떠할까?

〈그림 2〉를 보면 부탁을 거절할 때 한국인은 사적인 이유를, 일본인은 관례적인 이유를 가장 많이 사용한다는 것을 알수 있다. 사적인 이유는 한국인이 일본인보다 2배 이상 높으며, 관례적인 이유는 일본인이 한국인보다 2배 가까이 높다. 즉, 한국인은 개인적인 능력 부족이나 가정사 등 사적인 이유를 들어 거절하는 반면, 일본인은 관례적인 이유를 들어 이해를 구하려 한다는 것이다.

정리하면 한국인은 솔직하게 그리고 사적인 이유를, 일본

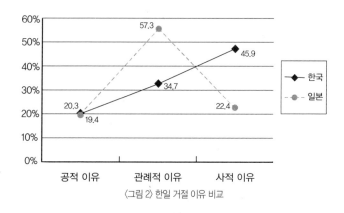

〈그림 2〉 한일 거절 이유 비교

인은 애매하게 그리고 관례적인 이유를 들어가며 거절한다는
것을 알 수 있다.

언어행동의 공손도와 가치관의 차이

사죄만 하는 일본인

언어행동에는 두 가지 지향점이 있다. 하나는 해당 언어행
동의 목적을 효과적으로 달성하는 것이며, 또 다른 하나는 상
대방과의 대인관계를 원만하게 유지하는 것이다. 이런 관점
에서 보면 자신이 부탁을 한 경우, 목적하는 바를 달성해가는
과정에서 상대방이 불만을 표명하는 상황이 발생하기도 하는
데, 그 불만을 어떻게 해소해주느냐도 중요하다. 하지만 우리

는 목적을 효과적으로 달성하기 위해 또다시 부탁을 해야만 한다. 이럴 때, 어떤 대화전략을 사용하는지에 대한 한국인과 일본인 발화의 구조적인 특징을 임영철·황혜선의 연구로부터 살펴보고자 한다.[14)

결과를 보면 한일 양국 모두 '사죄'와 '사죄+의뢰'의 비율이 매우 높았다. 즉 상대방이 부탁에 대해 불만을 표명하면 사죄만하고 말을 마치는 경우와 먼저 사죄를 한 다음 또다시 의뢰를 하는 두 가지 패턴이 가장 보편적인 것이다. 그리고 '사죄'는 일본인(36.8%)이 한국인(18.0%)보다 그 비율이 높으며, '사죄+의뢰'는 한국인(49.4%)이 일본인(44.3%)보다 높다. 부탁에 대해 불만을 상대방이 표명해 왔을 때, 사죄만 하는 비율은 일본인이 한국인보다 높다는 것이다.

이 점은 앞에서 살펴본 거절하는 상황의 결과와 그 패턴이 동일하다고 볼 수 있다. 즉 일본인은 약속 시간에 늦어지면 "すみません)"이라고 사죄만 할 뿐, 늦어진 이유에 대해 구체적으로 해명을 하지 않는 것과 같다.

참고로 약속 시간과 사죄에 대해 홀(Edward T. Hall)의 연구 결과[15)를 추가하면, 약속 시간보다 5분 늦어지면 가벼운 사죄로 통하지만 10분 이상 늦어지면 온갖 어휘를 동원해서 사죄를 해야 하고, 15분 이상 늦어지면 사죄뿐만 아니라 지각한 이유에 대한 해명이 필요하다는 것이다. 그리고 30분 이상 늦어지면 상대방을 완전히 모욕한 것이 된다고 한다.

시간 약속이 철저한 나라는 스위스와 독일, 일본 등이다. 이 나라들은 시계 등 정밀제품 제조로 유명한데, 그것이 우연의 일치만은 아닌 듯하다. 반대로 약속 시간에 느긋한 나라는 이탈리아와 남아메리카 국가다. 때문에 남아메리카에서는 약속 시간에 늦더라도 늦은 이유를 해명하지 않는다고 한다.

시간과 관련해 필자가 슬로베니아의 류블랴나 대학에서 겪은 경험담을 소개한다. 강연 시작 시간이 다 되어 강연장으로 들어가야 하는데 현지 교수가 강연장으로 안내를 해주지 않는 것이었다. 초조해져 "강연 시간이 다 되었는데요"라고 했더니 '류블랴나 타임'이라면서 15분에서 20분 정도 늦게 들어가는 것이 일상화되어 있다는 것이었다. 시간 엄수를 그다지 신경 쓰지 않는 남부 유럽인들 특유의 여유일지도 모르겠다.

장황하게 해명하는 한국인

다음은 '무브(move)'라는 개념을 도입해서 불만을 해명할 때, 얼마나 많은 무브를 사용하는지에 대해 살펴보도록 하겠다. 여기서 말하는 무브란, 원래 서양장기인 체스에서 말을 쓰는 방법으로, 말을 어떻게 사용해야 목적하는 바를 달성할 수 있는지에 대한 개념이다. 이런 개념이 회화(會話) 분석에 응용되어 상대방에 대한 질문, 부탁, 거절 등 어떤 행위적인 기

능을 담당하는 커뮤니케이션상의 가장 작은 단위로 사용되고
있다.

먼저 〈그림 3〉을 통해 알 수 있는 것은 한국인은 5개, 일본
인은 2개의 무브를 가장 많이 사용하여 상대방의 불만을 해소
하려는 것이다. 한편, 1인당 발화 평균 무브 수는 한국인이 4.6
개, 일본인이 2.9개이고 하나의 무브만을 사용해서 해명하는
경우는 일본인(18.9%)이 한국인(3.4%)에 비해 5배 이상 높다.

이처럼 한국인이 일본인에 비해 많은 무브를 사용해서 상
대방의 불만에 대해 해명한다는 것은 한국인이 일본인보다
말수가 많다는 것을 의미한다. 이 결과로 일본인은 한국인을

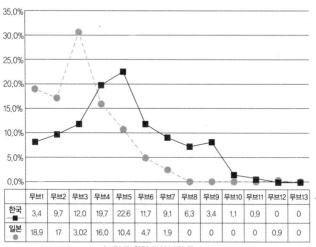

	무브1	무브2	무브3	무브4	무브5	무브6	무브7	무브8	무브9	무브10	무브11	무브12	무브13
한국	3.4	9.7	12.0	19.7	22.6	11.7	9.1	6.3	3.4	1.1	0.9	0	0
일본	18.9	17	3.02	16.0	10.4	4.7	1.9	0	0	0	0	0.9	0

〈그림 3〉 한일 간의 발화 무브 수

장황하다고 느낄 수 있으며, 한국인은 일본인이 냉담하다고 느낄 수도 있다. 왜 이 같은 결과가 나왔을까?

한국인은 상대방의 불만 표명에 대해 짧게 해명하면 상대방에게 실례가 되며 공손도가 낮다고 생각하는 반면, 일본인은 오히려 짧게 해명하는 것이 상대방에 대한 예의를 갖춘 행위로 공손도가 높다고 생각하기 때문이다. 즉 한국인과 일본인의 언어행동 공손도에 대한 가치관의 차이가 반영된 결과라 할 수 있다.

한국인이 주장 · 항의하지 않는 경우

무언가 부탁을 받으면 솔직하게 그 자리에서 거절하는 한국인과 에두른 표현으로 애매모호하게 거절하는 일본인, 접촉사고가 나면 자기의 입장을 강하게 주장하는 한국인과 명백하게 자기가 잘못하지 않았는데도 먼저 사과하는 일본인, 약속 시간에 늦어지면 손윗사람에게도 변명을 하는 한국인과 아무런 변명을 하지 않고 사죄만 하는 일본인.

이런 점에서 자신의 의견을 표명하는 한일 두 나라의 커뮤니케이션 스타일이 상당히 다르다고 할 수 있다. 그러면 자기가 잘못하지 않았는데도 누군가에게 꾸지람을 들었을 때는 어떻게 반응할까? 임영철의 조사 결과를 나타낸 것이 〈표 10〉이다.[15)]

꾸지람을 하는 사람	주장 · 항의		사죄		침묵	
	한	일	한	일	한	일
선생님	53.2	65.5	9.8	9.4	35.3	22.6
아버지	45.6	74.0	15.5	6.0	37.4	16.5
어머니	52.8	80.0	13.6	4.1	31.1	13.3
모르는 노인	37.2	43.1	22.3	25.8	36.5	24.0
모르는 젊은이	77.6	58.7	4.8	13.0	13.2	21.4

〈표 10〉 잘못하지 않았는데 꾸지람을 들었을 때의 반응 (단위: %)

자기가 잘못하지 않았는데도 다른 사람에게 꾸지람을 듣는 다는 것은 결코 기분 좋은 일이 아니다. 그런데 이런 일은 회사나 가정에서 의외로 빈번하게 일어난다. 그리고 이런 경우 상대방에게 자기 의견을 주장한다든지 항의하는 것은 당연한 일로 지금까지 살펴본 결과에 의하면, 한국인이 일본인보다 솔직하게 자기 의견을 개진하리라 예측할 수 있다.

그러나 〈표 10〉에 나타난 '주장·항의'를 하는 비율은 '모르는 젊은이'에 대한 반응 이외에는 한국인보다 일본인 쪽이 높다. 즉 자기 의견을 분명하게 주장하는 것을 신념으로 여기는 한국인이 일본인보다 주장·항의를 하지 않는다는 것이다. 그렇다면 '사죄'를 하는 비율은 어떨까?

유교사상이 반영된 한국 사회

한국인과 일본인이 '선생님'에게 사죄하는 비율은 거의 차이가 없다. '모르는 노인'에 대해서도 일본인이 약간 높을 정도로 그다지 차이가 나지 않는다. 그런데 '부모님'에게 사죄하는 비율은 차이가 난다. 일본인은 한국인의 2분의 1에서 3분의 1 정도 밖에 사죄를 하지 않는다. 즉, 한국인은 상대방이 아버지나 어머니와 같은 손윗사람일 경우 사죄를 할 가능성이 일본인보다 높다는 것이다. 특히 한국인은 '선생님'보다 '부모님'에게 사죄하는 비율이 높게 나타난 점이 일본과 다르다.

앞에서 언급한 바와 같이, 자기가 잘못하지 않았는데도 사죄를 하는 것은 일본인 언어행동의 특징이다. 그런데 상대가 손윗사람일 경우, 한국인이 일본인보다 자기주장을 삼가고 사죄하는 비율이 높다는 것은 유교사상이 반영된 결과라 할 수 있을 것이다.

끝으로 '침묵'에 대한 비율은 전반적으로 한국인이 일본인보다 높다. 더군다나 한국인은 손윗사람에게 꾸지람을 들었을 때, 가족이라 하더라도 침묵해버리는 경우가 많다. 특히 '부모님'일 경우에는 일본인에 비해 두 배 이상 침묵한다. 그렇다면 한국인은 자기가 잘못하지 않았는데도 꾸지람을 들었을 때 손윗사람 앞에서 침묵한다는 결과는 과연 무엇을 의미하는 것일까?

침묵의 전략적 의미

한국 사회는 남녀노소를 불문하고, 자기 의견을 분명히 표명하는 데 가치를 두는 사회라는 것은 앞에서 언급한 바와 같다. 그러나 듣는 이가 누구냐에 따라 달라진다. 즉 한국인은 일본인에 비해 일반적으로 적극적인 태도를 취하는 경향이 강하지만 손윗사람 앞에서는 상당히 제한을 받는다는 것이다. 물론 침묵할 경우, 침묵에 대한 의미는 사회문화적인 맥락에 따라 다르다.

결국 한국인이 많이 사용하는 침묵이라는 대화전략은 앞선 사례에서 일본인보다 사죄를 더 많이 한 것처럼 손윗사람에게는 말대꾸를 하지 않는다는 유교적 가치관이 반영되어 있다고 할 수 있다. 즉 손윗사람에게 주장·항의를 하고 싶어도 할 수 없는 무언의 가치관이 작용하기 때문에 침묵할 수밖에 없는 경우가 많다는 것이다. 일본인에 비해 말을 무기로 삼는다는 점에서 미국인과 비슷하다고 할 수 있는 한국인들도 상대방이 누구냐에 따라 침묵을 한다는 것이다.

이처럼 손윗사람에게 말대꾸를 허락하지 않는 한국 사회에서는 침묵이라는 대화전략을 통해 손윗사람에게 자기의 정당성을 은연중에 주장하는 것은 어쩌면 일종의 대화전략이라 해석할 수도 있다. 물론 이런 장면에서 일본인도 침묵으로 대응하는 경우도 있는데, 일본인의 이런 대화전략은 듣는 이가 자기의 의도를 알아주기를 바란다는 전제하에 이루어진다.

침묵은 하나의 커뮤니케이션 수단이 될 수 있다. 하지만 침묵이라는 메시지를 정확하게 해석하는 것은 그와 관계가 있는 모든 상황을 고려하지 않는 한 불가능에 가까울지 모른다. 왜냐하면 침묵의 의미는 상대방의 특성과 감정, 상호관계, 관심도, 시간, 장소, 문화 형태 등 여러 요인과 관계가 있기 때문이다.

지금까지 살펴본 바에 따르면 솔직하고 분명하게 자기 의견을 개진하면서도 상황에 따라서는 아무런 말대꾸 없이 손윗사람의 의견을 경청하는 한국인, 상대방이 눈치껏 알아차려주기를 바라면서도 경우에 따라서는 분명하게 자기의 주장과 항의를 하는 일본인이라 정리할 수 있겠다.

따라서 거절과 사죄라는 언어행동을 단편적으로 그 행동만 보면 자칫 오해할 수 있는 여지가 있다. 이런 언어행동의 배경이 되는 언어문화적인 요인을 보다 면밀히 들여다보지 않으면, 한국인과 일본인의 진정한 모습을 이해할 수 없다는 것은 두말할 필요도 없을 것이다.

맥락으로 이해하는 언어문화

울지 않아도 젖을 얻어먹을 수 있는 일본 사회

일본인은 자기감정을 컨트롤할 수 없다는 것을 수치스럽게 생각하기 때문에 친구라 해도 자기의 고통이나 슬픔에 대해 거의 이야기하지 않는다. 고통이나 슬픔뿐만 아니라 노여움이나 좌절, 경멸, 질투, 즐거움, 그리고 애정까지도 극단적으로 표현하는 것을 삼가는 편이다. 일본인은 다른 사람 앞에서 자기감정 표출을 극도로 자제하는 데 비해 한국인은 비교적 솔직하게 잘 나타낸다.

예를 들 한국에서는 접촉 사고가 나면 도로 한가운데 차를 세워놓고 큰소리로 자기감정을 적극적으로 나타내며 말다툼을 하는 장면을 목격할 수 있다. 교통사고가 나면 목소리가 큰 사람이 이긴다는 말이 있을 정도이다. 그런데 일본인들은 접촉사고가 나면 서로 간에 잘잘못을 따지기 전에 "すみません (미안합니다)"이라 말하는 경우가 많다. 이런 장면에서 사용하는 일본인들의 "すみません"이라는 표현은 자기의 잘못을 인정하는 사죄 표현이 아니라 단지 상호의존 관계를 전제로 한 의례적인 인사 표현이다.

이와 동일한 장면에서 한국인은 자기 과실이 명백하게 밝혀지지 않은 이상 "미안합니다"라는 말은 절대 하지 않는다.

오히려 상대방이 어떻게 잘못했기 때문에 사고가 났으며, 자기가 얼마나 정당한가를 큰소리로 따진다.

'우는 아이 젖 준다'라는 말이 있다. 자기 생각을 소리 내어 주장하는 사람이 이긴다는 의미로 해석할 수 있는 말이다. 때문에 교통사고 현장뿐만 아니라, 일반적인 대화에서도 자기 생각을 주장하며 하고자 하는 이야기를 설득력 있게 피력하는 사람이 유리하다고 생각한다.

이처럼 한국인은 자기 의사를 말로 명확하게 전달하는 데 가치를 두는데, 이는 뒤끝 없이 솔직하게 자기의 감정이나 의견을 전달하는 것이 원만한 인간관계로 이어진다고 생각하기 때문일 것이다. 대조적으로 일본인은 간접적이고 애매모호한 표현을 사용하는 경우가 많은데, 이는 직설적인 표현에 대한 심리적인 부담으로부터 벗어나고 싶은 심정과 상대방이 입을 상처를 차단하고자 하는 배려에서 나온 행동일 것이다.

따라서 한국이 '울어야 젖을 얻어먹을 수 있는 사회'라 한다면, 일본인은 '울지 않아도 젖을 얻어먹을 수 있는 사회'라 할 수 있다.

일본의 이심전심 커뮤니케이션 스타일

어떤 특정한 문화에는 그 문화 나름대로 고유한 맥락(context)이 있다. 예를 들어 구미인들이 선후배 관계를 따지며 상하관계를 구분하는 한국 문화를 이해하기 어려운 것은 한국 사회 특유의 맥락을 잘 모르기 때문이다.

이처럼 한국은 한국 나름대로 오랫동안 쌓아온 문화적 맥락이 있다. 때문에 동일한 맥락을 가진 문화권 안에서는 말로 자세하게 설명하지 않더라도 사람들의 행동패턴을 예상할 수 있다. 그리고 이런 맥락적 문화는 어릴 때부터 자연스럽게 형성되어 자신과 패턴이 다른 문화를 접할 때까지는 새로운 문화의 맥락 자체를 이해하기 어려운 경우가 있다.

이런 문제에 대해 홀(Edward. T, Hall)은 아메리칸 인디언 문화처럼 맥락화 정도가 높은 경우, 이런 문화를 '고맥락 문화(high-context culture)'라 했으며, 스위스나 독일과 같이 고도로 개인화·단편화되고 공식화된 문화를 '저맥락 문화(low-context culture)'라 했다.[16] 따라서 고맥락 문화에서는 같은 문화권에 속한 사람들끼리 아주 간단한 의사소통을 통해 훨씬 다의적인 의미를 전달할 수 있다.

일본인들의 '혼네(本音 본심, 속마음)'와 '다테마에(建前 배려, 인사치레)'를 떠올리면 이해하기 쉬울 것이다. 일본인 사이에서는 표면적인 인사치레인 다테마에만으로도 그 속에 함의된 다양한 의미, 즉 혼네를 쉽게 파악할 수 있다. 그러나 맥락화 정도가 높으면 높을수록 외국인은 일본인이 의도하는 바를 정확히 이해하기는 어려울 것이다. 반면에 저맥락 문화에서는 개인적인 성향이 강해서 의미를 전달하는 데 문서와 같은 체계적인 것을 중시한다.

이처럼 다른 체계에 속하는 문화를 파악할 때는 맥락이 존재한다는 것을 인지하는 것이 매우 중요하다. 일본인은 "考えてみます(생각해보겠습니다)" "検討させていただきます(검토해보겠습니다)"라는 발언이 거절 표현으로 기능하는 대화전략을 가지고 있기 때문에 말 속에 숨겨져 있는 진의를 말로 표현하지 않더라도 상대방이 눈치껏 알아차려서 헤아려줬으면 하는 전제하에 커뮤니케이션을 하는 경향이 있다. 때문에 일생을 함께한 부부가 "あれとって(저것 좀 가져와)"라고 하면 무슨 의미인지 맥락을 통해 알아차릴 수 있는 것이다. 이렇듯 일본인은 오랫동안 같은 환경을 공유한 상대방과는 이심전심(以心傳心)으로 통하는 커뮤니케이션 스타일을 가장 이상적으로 여긴다.

그러나 오늘날과 같이 외국인과의 접촉이 증가하고, 전 세계적으로 유동성이 강한 국제화 시대에 이심전심과 같이 의도가 불확실하고 애매모호한 일본인의 커뮤니케이션 스타일은 한국인은 물론 구미인을 불안하게 하는 경우가 많다.

대립을 피하는 일본인의 대화법

구미 사회, 특히 미국에서 유학한 일본인들의 대부분은 토론 수업 때문에 곤란을 겪는 경우가 많다고 한다. 왜냐하면 일본인들은 토론 자리에서 발언하려 해도 발언할 기회를 놓쳐버린다든지, 다른 사람의 발언을 듣고 분위기를 파악하는 데 정신이 팔려버리는 경우가 많기 때문이다. 또 발언을 하지 않고 가만히 있으면 아무런 의견도 없는 사람으로 여겨 미국인들로부터 무시당하는 경우가 많다고 한다. 이와 관련하여 야마다(Yamada, H.)는 일본인과 미국인의 커뮤니케이션 스타일의 차이에 대해 다음과 같이 지적하고 있다.[17]

　미국인은 토론 자리에서 참가자들의 의견이 대립하는 것이 매우 자연스러운 일로, 이런 과정을 통해 서로가 접점을 찾아내 합의가 이루어진다고 생각한다. 따라서 개인의 자주적인 의견 표명이 없다면 토론은 성립되지 않는다. 특히 앵글로 색슨 계통의 미국인들은 이런 경향이 강해서 분명하게 자기 의견을 표현하지 않는 애매모호한 언어행위는 비열하고 예의에 벗어난 행동으로 여기는 사람이 많다고 한다. 그리고 침묵은 의사소통이 중단된 시간으로 보기 때문에 당연히 피해야 할 언어행위로 생각하는 것이다. 그렇다면 일본인들의 토론은 어떤 식으로 이루어질까?

　일본인들에게 토론은 참가자가 독자적으로 개인의 의견을 발표하는 것이 아니라, 처음부터 '의견 조율'과 '인간관계 유지'를 최종 목적으로 한 행위이다. 때문에 개인 간의 의견 충

돌이나 대립은 될 수 있으면 피해야 하며, 눈치와 배려로써 결론을 도출하는 것을 최우선으로 한다. 그렇기 때문에 토론을 성공시키기 위해서는 미리 의견을 조율하고 배려하는 '根回し(사전 교섭)'라는 행위가 중요하다는 것이다.

따라서 전체적인 조화와 배려를 지향하는 토론의 장에서 침묵은 개인의 책임이 아니라 대화에 참가한 사람 전체의 몫이 된다. 때문에 그룹 전체가 공유하는 침묵은 특별히 부정적인 의미를 갖지 않는다. 미국에서는 절대적으로 회피하고자 하는 침묵이라는 행위가 일본에서는 조화와 배려를 위한 긍정적인 행위가 되는 것이다. 당연히 이런 일본인의 커뮤니케이션 스타일은 미국인의 눈에는 이상하게 비칠 것이며, 상담이나 토론을 하는 데 불필요한 오해를 초래하는 원인이 될지도 모른다.

이와 같은 상황은 일본과 미국의 사례로만 볼 수 있는 것은 아니다. 그렇다면 한국인과 일본인의 토론 문화에는 어떤 차이가 있을까?

말이 무기가 되는 한국 사회

한국 사회는 일본에 비해 미국 사회와 비슷한 점이 많아서 자기 의견을 분명하게 전달하지 않으면 아무런 의견이 없는 사람으로 보는 경우가 많다. 때문에 자기 의견을 명확히 전달하기 위한 교육이 어릴 때부터 이루어지고 있다.

예를 들면 부모가 자식들에게 상대방 눈을 보고 이야기하라고 한다든지, 다른 사람 앞에서 자기 의견을 분명하게 표현할 줄 알아야 한다고 가르치는 것 등이다. 이렇게 하는 것이 자신감으로 이어진다고 생각하는 한국에서는 이런 능력을 익히기 위해 어릴 적부터 웅변 학원에 다니는 경우도 있다. 특히 내성적인 어린이는 더욱 그렇다.

웅변 학원에 다니는 것은 어떻게 하면 다른 사람에게 자기 의견을 객관적으로 조리 있게 표현할 수 있을 것인가, 그 방법을 실천적으로 배우기 위해서이다. 또 논술 학원도 있다. 이처럼 말로서 자기 의견을 표현하는 웅변 학원이나 글로써 자기 의사를 논리정연하게 서술하는 논술 학원이 한국 사회에 존재한다는 것은 침묵보다는 말을 하는 것이 무기로 작용하는 사회라는 것을 뜻한다.

한국인들은 일반적으로 자기 것은 스스로 지키지 않으면 다른 사람에게 침범당한다는 생각이 강하다. 때문에 주위와의 조화나 배려도 중요하지만 그 이상으로 적극적인 발언을 통해 자기 생각을 드러내고, 어떤 일을 달성하기 위해서는 설득력 있게 말하는 것이 높이 평가한다.

일본에서도 말을 잘하는 방법에 대한 세미나 등을 개최하지만 주로 그 대상이 학생보다는 사회인이다. 그리고 그 목적이 직장에서 인간관계를 어떻게 해야 할 것인가, 또는 접객 행동을 어떻게 해야 할 것인가에 대한 커뮤니케이션 방법이 주류를 이루고 있다. 이는 자기 생각을 어떻게 어필할 것인가라는 관점보다 어떻게 하면 대인관계를 원만하게 할 수 있을 것인가에 초점이 맞추어져 있기 때문에 그 의미가 한국과는 사뭇 다르다고 할 수 있다.

답변을 싫어하는 일본인

무기로서의 언어관은 한국 사회의 다른 부분에도 잘 반영되어 있다. 예를 들면 한국에서는 입사 면접시험을 볼 때, 그룹별로 토론을 하는 경우가 있다. 이런 광경을 일본에서는 거의 찾아볼 수 없다. 한국 면접시험의 토론 주제는 시사 문제를 비롯해 정치, 경제, 사회 문제 등 통상적으로 면접시험을 볼 때 다루는 문제가 주류를 이룬다. 일본처럼 주어진 주제에 대해 면접관이 질문하는 것이 아니라 면접 참가자들끼리 토론을 하게 하는 것이다.

이런 식으로 기업에서는 어떤 주제에 대한 지식의 유무나 적성 등을 집단 안에서 자기 의견을 어떻게 논리정연하게 표현·주장하고 종합하는 능력이 있는지로 심사한다. 그리고 선거 입후보자끼리도 방송을 통해 서로의 정책안을 토론한다.

한국의 이런 토론 문화는 상대방에게 자기 의사를 분명히 전달하는 것이 개인의 능력을 나타내는 중요한 판단의 잣대가 된다는 것을 의미한다. 그리고 이런 현상은 한국인의 말하기 행위(speech act)에 대한 적극적인 의식이 잘 반영되어 있는 것으로 해석할 수 있다. 일본에는 한국식 면접법이나 선거 후보자들의 TV 토론 프로그램은 극히 제한되어 있는 편이다. 여담으로 이와 관련된 일본의 일화를 하나 소개한다.

앞으로 일본 정계를 짊어지고 갈 매우 촉망받는 유명 정치인이 있었다. 그런데 그가 총리대신이 되지 못한 이유는 말을 '너무나' 잘했기 때문이었다고 한다. 즉 일본에서는 달변을 그다지 긍정적으로 평가하지 않는다는 것을 단적으로 보여주는 일례라 하겠다.

거만해 보이는 일본인

이번 장에서는 한국어와 일본어의 호칭에 대해 개관하고, 한 사회에서 사용하는 호칭을 다른 사회의 언어로 번역할 때 어떤 현상이 나타나는지, 그리고 시대에 따라 호칭이 어떻게 변하는지에 대해 고찰하고자 한다. 또한 호칭의 스타일 변환(style shift)에 의해 일어나는 오해가 어떤 영향을 미치는지에 대해 일본 문화를 이해하는 중요한 키워드 중의 하나인 '우치(내집단)'와 '소토(외집단)'라는 개념과 관련시켜, 언어문화적인 관점에서 이야기를 풀어내려고 한다.

'아줌마'가 좋을까 '주리 엄마'가 좋을까

아이가 태어나면 부모에게 이름을 부르지 않는 한국인

고층 아파트가 즐비하게 들어선 서울의 한 아파트 단지에서 일어난 어느 일본인 교수의 경험담이다. 일을 보고 집으로 돌아가는데, 뒤에서 "아줌마"라는 소리가 들렸다. '설마 나를 부르는 소리는 아니겠지'하고 계속 걸어갔다. 그런데 계속 뒤따라오는 발걸음 소리가 들려서 뒤를 돌아보니 초등학생 남자 아이가 자기를 향해 부르고 있었던 것이다.

생각해보니 자기는 버젓한 30대로서 아줌마라고 불릴 만한 나이였다. 그런데 외국 땅에서 처음으로 들어보는 '아줌마'라는 호칭은 이상하게 들릴 뿐만 아니라, 상당히 충격적이었다. 왜냐하면 지금까지 자기가 알고 있는 아줌마란, 곱슬곱슬하게 파마를 한 짧은 머리에, 꽃무늬 치마를 입고 당당하게 거리를 활보하는 여성의 이미지가 강했기 때문이다. 그 교수는 훗날 알고 지내던 재일동포를 만나 한국에 와서 아줌마로 불려서 충격을 받았다고 하자, 듣고 있던 재일동포 또한 호칭 때문에 자신도 충격을 받은 적이 있다며 다음과 같은 이야기를 해주었다.

재일동포인 그녀는 대학원 진학을 위해 한국에 유학을 와서 대학원 졸업 후에 한국인과 결혼을 했고, 자녀를 출산하게 됐다. 그런데 아이가 태어나자 자신을 부르는 호칭이 바뀐 것이다. 딸이 태어나기 전까지는 시아버지가 '윤순'이라는 자신의 이름에 호격조사인 '아'를 붙여 "윤순아"라고 불렀다. 그런데 아이가 태어나자, 그때까지 부르던 "윤순아"라는 호칭은 사용하지 않고, 딸 이름에 '엄마'를 붙여서 "주리 엄마"로 부르는 것이었다.

일본에서도 아이들을 통해 알게 된 경우에는 "○○君のお母さん(○○군의 엄마)""○○ちゃんのお父さん(○○이 아버지)"이라 부른다. 사실 아이 이름밖에 모를 때는 이렇게 불러도 이상할 것은 하나도 없다. 그런데 아이가 태어나기 전에는 이름으로 부르다 아이가 태어난 후, 가족이 '아이 이름+엄마'로 부르는 경우가 일본에는 없다.

하지만 한국에서는 아이가 태어나면 장남이나 장녀 이름에 '엄마'를 붙여 부른다. 시아버지와 시어머니는 물론 남편도 그렇게 불렀다. 심지어 "주리야"라고 딸의 이름을 부르는 경우도 있었다. 이런 호칭은 아이가 클 때까지 계속되었는데, 가족이 아이 이름으로 부르면 엄마인 자신을 부르는 것인지 아이를 부르는 것인지 판단하기 어려울 때도 있었다.

일본에서는 이 같은 기혼 여성에 대한 호칭 변화를 찾아볼 수 없는데, 한국에는 왜 이런 관습이 있을까? 옛날 한국의 양반층에서는 여성이 사회와 접촉할 기회가 매우 제한되어 있었기 때문에 여성이 밖에서 자신의 이름으로 불리는 경우는 거의 없었으며, 또 결혼한 부인은 이름을 부르지 않는 것이 관습이었다. 기혼 여성은 보통 '택호'라 하여 친정집의 지명에 '댁'을 붙여 "○○댁"이라 불렸는데, 이런 전통은 아직도 남아 있다.

한국어의 복잡한 친족 호칭

앞에서도 언급한 바와 같이 한국어와 일본어는 구미 언어에 비해 호칭이나 인칭대명사의 체계가 매우 복잡하다. 그런데 두 언어의 호칭은 비슷한 점도 많지만 동시에 다른 점도 많다.

먼저, 비슷한 점은 한국어와 일본어의 인칭대명사는 장소를 지칭하는 말에서 변한 말이 많다는 것이다. 일본어에는 'この方(이 분)' 'その人(그 사람)' 'あの奴(저 녀석)' 등 장소를 나타내는 'こ, そ, あ'(이, 그, 저)에 명사를 붙인 대명사가 있다. 이와 마찬가지로, 한국어에도 일본어의 'こ, そ, あ'와 비슷한 기능을 하는 '이, 그, 저'에 명사를 붙여서 '이 분', '그 사람', '저 녀석'이 인칭대명사로 사용되고 있다.

예를 들면 전화를 걸 때, 상대방이 "실례지만 어디세요?"라고 물어왔다고 하자. 여기에서의 '어디'는 흔히 장소를 물을 때 쓰는 어휘지만 사람을 나타내는 '누구세요'라는 의미로 쓰

였다. 이와 마찬가지로, 일본어에서도 "誰ですか"(누구세요)보다 "どちら様ですか(어디세요)"라고 "どちら"라는 장소를 나타내는 대명사를 사용하면 공손도가 높아진다.

다른 점은 일본어에 비해 한국어의 친족 호칭이 더 복잡하다는 것이다. 일본어의 'おば'에 해당하는 한국어의 호칭은 아버지의 여자 형제면 '고모', 어머니의 자매이면 '이모', 아버지 형제간의 아내는 '숙모', 어머니 남자 형제의 아내는 '외숙모'가 된다. 이는 한국은 아버지 쪽이냐 어머니 쪽이냐에 따라, 혼인으로 이루어진 관계이냐 아니냐에 따라 호칭을 구별해서 사용한다는 점을 말해주는 것이다.

이런 친족 호칭의 차이에 대해 긴다이치(金田一春彦)는 중국의 친족 호칭을 예로 들면서 사촌에 대한 호칭이 복잡한 이유를 설명했다.[18] 중국의 경우, 같은 성씨 친척끼리는 서로 결혼할 수 없는데 사촌이 엄밀하게 어느 쪽 사촌인지가 중요하기 때문이다. 한국어도 중국어와 같은 이유일 거라는 의견이 있는데, 아무튼 이렇게 다양한 친족 호칭을 정확히 사용할 줄 모르면 곤란할 때가 발생하기도 한다.

친족 호칭의 확장 사용

한국어와 일본어의 또 다른 차이점은 한국어는 친족관계가 아닌 사람에게도 친족 호칭을 확장해서 사용한다는 것이다.

예를 들면 남자 후배가 남자 선배를 '형', 여자 선배를 '누나'라고 부르고 여자 후배가 남자 선배를 '오빠', 여자 선배를 '언니'라고 부르는 식이다.

일본에서도 간사이(關西) 지역 등 일부 지역에서 제한적이긴 하지만 친구라든가 지인 간에 친족 호칭을 확장해서 사용하기도 한다. 그러나 한국에서는 일본에 비해 회사의 동료 간에도 광범위하게 친족 호칭을 사용한다. 그렇다면 왜 한국인은 이처럼 친족 호칭을 확장해서 사용할까? 유효종은 그 이유에 대해 한국근대사의 관점에서 다음과 같이 논하고 있다.[19]

이는 주로 6·25전쟁 때, 가족들이 서로 뿔뿔이 헤어질 수밖에 없었던 상황에서 혈연관계가 아닌 사람과 혈연관계인 것처럼 교제를 하며, 상부상조하면서 지내게 되어 친족 호칭을 확장해서 사용하게 되었다는 것이다.

또 다른 차이점은 일본어는 한국어에 비해 남성과 여성의 인칭대명사를 구별해서 사용한다는 점이다. 남성이 사용하는 '俺'(나)라든가, 여성이 사용하는 'あたし'(나)라는 일인칭 표현도 그런 예 중 하나다.

이는 역사적으로 궁중에서 사용하는 말, 유곽에서 사용하는 말, 무사들이 사용하는 말 등 연령이나 성별, 직업 따위의 차이에 따라 구분하여 쓰는 어휘가 발달되어 있는 일본어의 독특한 특징이라 할 수 있다. 그리고 일본어는 한국어보다 인

칭대명사의 종류가 많은데 이에 대해 좀 더 구체적으로 살펴
보자.

부모 자식 간의 호칭 문제

어머니에게 높임말을 쓰지 않는 '신노스케'

한국에서는 일본 만화를 한국어로 번역하여 출판하고 있
으며, 일본 애니메이션도 한국어로 더빙하여 TV에서 방영하
고 있다. 한국에서 방영되는 일본 애니메이션은 음성뿐만 아
니라, 화면에 나타나는 일본어도 모두 한글로 번역하여 방영
하기 때문에 과거에 〈未来少年コナン(미래소년 코난)〉이라든
가 〈スラムダンク(슬램덩크)〉를 한국 애니메이션으로 알고 있
는 한국인도 적지 않았다. 그러나 1998년부터 시작된 일본 대
중문화 개방으로 일본에서 제작된 애니메이션이나 만화를 일
본 제품으로 알면서 즐기는 젊은 세대가 늘어나게 되었다.

우스이(臼井儀人)의 인기 만화 『クレヨンしんちゃん(크레용
신짱)』도 한 가지 예로 한국에서는 『짱구는 못 말려』라는 제목
으로 번역·출판되었고, 애니메이션으로도 방송돼 널리 알려
져 있다. 주인공은 '신노스케'라는 이름의 유치원생인데 한국
어판에서는 '짱구'라고 부른다.

만화는 신노스케의 건방지고 기발한 언동이 일상생활을 중

심으로 전개되는데, 유치원생이 사용하기에는 과격한 말투나 성적인 묘사가 함축되어 있어 한국어 번역본은 '18세 미만 구독가능'한 어린이용과 '18세 이상 구독가능'의 어른용으로 구별해서 판매되고 있다.

일본에서 〈クレヨンしんちゃん(크레용 신짱)〉이 방영되자 순식간에 유치원생과 초등학생 사이에서 신노스케의 말투가 붐을 일었던 적이 있었다. 부모나 할아버지, 할머니 세대의 입장에서 보면 어른에게 경칭을 쓰지 않고 "あんた(당신)"라고 부르는 신노스케의 태도는 충격적이다. 이에 반해 어린이들 사이에서는 신노스케의 코맹맹이 소리와 그의 말투를 흉내 내는 어린이가 속출했다. 그러면 한국어판『짱구는 못 말려』는 어떤 호칭으로 번역하고 있을까? 서윤순의 분석 결과[20]를 살펴보자.

먼저 〈표 11〉을 통해 일본어판이 한국어판보다 인칭대명사의 종류가 다양하다는 것을 알 수 있다. 예를 들면 신노스케가 자기 자신을 칭할 때는 'オラ(나)'(18회)와 '自分(저, 자기)'(1회) 두 종류를 사용한다. 그러나 짱구는 '나'(34회) 한 종류만 사용한다. 이와 마찬가지로 아버지한테는 네 종류, 어머니한테는 여섯 종류의 호칭을 사용하는데, 한국어판은 각각 한 종류와 다섯 종류로 일본어판보다 사용 종류가 적어졌다.

구체적으로 호칭을 살펴보면, 신노스케는 기본적으로 어머

『クレヨンしんちゃん』(일본어판)			
	しんのすけ	母親	父親
しんのすけ	オラ(18) 自分(1)	母ちゃん(27) おまえ(4) あんた(3) ママ(1) おば(1) みさえ(1)	父ちゃん(12) パパ(1) こいつ(1) あんた(1)
합계 수	19회	37회	15회
『짱구는 못 말려』(한국어판)			
	짱구	어머니	아버지
짱구	나(34)	엄마(38) 당신(2) 영란 씨(1) 아줌마(1) 너(1)	아빠(18)
합계 수	34회	43회	18회

〈표 11〉 한일 인칭대명사의 종류와 사용빈도

니를 'かあちゃん(엄마)'이라 부르지만 장면에 따라 'ママ(마마)' 'おまえ(너)'라고도 부른다. 그리고 한 번뿐이지만 'みさえ(미사에)'라고 엄마의 이름으로도 부른다. 일본어의 친족 간의 호칭 규범에 의하면 '말하는 이가 자기보다 연장자면 이름으로 부를 수 없다'는 규범이 있다. 때문에 어린이인 신노스케가 어머니를 'みさえ(미사에)'라고 이름을 부르는 것은 일본어의 호칭 규범에 어긋난다.

이처럼 일본어의 규범에 어긋난 호칭은 『クレヨンしんちゃん(크레용 신짱)』에서만 나타나는 것은 아니다. 『ちびまる子

ちゃん(치비 마루코짱)』으로 알려져 있는 사쿠라 모모코(さくらももこ)의 만화나 에세이에서도 어린 시절을 회고하는 장면에서 딸 '마루코'가 아버지를 "히로시"라고 이름으로 부른다. 일본어 호칭의 변화를 느낄 수 있는 부분인데 한국어에서도 과연 이런 현상이 나타날 것인지가 주목된다.

아버지를 '이 녀석'이라 하는 신노스케

한편 한국어판에서는 설정상 엄마인 'みさえ(미사에)'가 '영란'으로 되어 있는데, 짱구한테 기본적으로 "엄마"라 불린다. 그 외에 '당신'이라 불리는 경우도 있지만 이름으로 불리는 경우는 없다. 대신 '영란 씨'라고 이름에 '씨'를 붙인 장면이 한 번 나타난다.

이는 신노스케가 어머니를 'みさえ'라고 이름으로 부르는 것에 비하면 공손한 편이기는 하다. 한국 사회에서는 아무리 사이가 좋은 부모와 자식 간이라 할지라도 자식이 부모에게 경칭을 사용하지 않는 행위는 아직까지는 받아들여지지 않고 있다는 상징일지 모르겠다.

아버지의 경우, 이런 경향은 더욱 철저하다. 일본어판에서는 신노스케가 아버지를 '父ちゃん(아빠)' 이외에 장면에 따라 'こいつ(이 녀석)' 'あんた(당신)'라고 부른다. 그러나 한국어판에서는 일관되게 '아빠'라고 부른다. 아버지한테는 일관되게 경칭을 사용하고 있다.

반면에 어머니한테는 '너'나 '아줌마'로 부르는 것을 보면, 한국은 아버지의 권위가 일본에 비해 그리고 어머니에 비해 아직도 강한 사회라는 것을 확인할 수 있다.

다음은 필자의 일본 체험을 바탕으로 호칭이 인간관계에서 어떻게 자리매김하고 변화되는가에 대해 '우치'와 '소토'의 개념과 관련시켜 논을 전개하고자 한다.

거만해 보이는 일본인

한국어의 '군'과 일본어의 '君'

일본 유학생의 경우, 석사과정이나 박사과정에 진학하려면 보통 1년 정도의 연구생 기간을 거친다. 대체로 이 기간 에는 앞으로 연구하고자 하는 전공 분야는 물론 일본어와 일본 사정 그리고 일본 문화에 대해 공부하면서 일본 사회에서 적응하기 위한 준비를 한다.

연구생이던 유학 1년 차에 지도교수가 필자를 "任さん(임상)"이라고 성 뒤에 'さん(씨)'을 붙여서 불렀다. 그런데 박사과정에 합격하고 대학원생이 된 지 얼마 되지 않은 어느 날부터 필자를 "任君(임쿤)"으로 부르기 시작했다. 일본인들이야 '君'이라는 호칭을 대수롭지 않게 생각할지 모르겠지만, 필자는 'さん'에서 '君'으로 호칭이 바뀐 것에 대해 상당한 충격을 받았다. 왜냐하면 일본어를 배울 때, 보통 'さん'이 '君'보다 경의도가 높다고 배웠기 때문이다.

그리고 속해 있는 집단에서 계급의 변화가 생기면 보통 그에 상응하는 호칭을 사용한다. 그런데 1년 동안 열심히 공부해 연구생에서 대학원생으로 귀속 계급이 상승했는데도 불구하고, 호칭은 'さん'에서 '君'으로 오히려 경의도가 낮아진 것이다. 1년 간의 연구생 생활을 마치고 힘들게 대학원생이 되었는데 귀속 계급이 낮아졌다고 생각한 필자는 '역시 한국인이라 차별한다'는 생각이 들어 매우 불쾌했다. 이와 같은 생각은 두말할 것도 없이, 한국어와 일본어의 호칭 차이 때문에 빚어진 오해다. 그렇다면 왜 이런 오해가 생겼을까?

일반적으로 "田中君(다나카 쿤)" "鈴木君(스즈키 쿤)"이라고 부를 때 사용하는 일본어의 '君'은 선생님이 학생을 상사가 부하직원을 연장자가 아랫사람을 부를 때 사용한다. 그리고 나이가 비슷한 동년배나 직장 동료끼리는 물론 어린이부터 어른에 이르기까지 그 사용 범위가 한국어에 비해 훨씬 넓다. 때문에 직장 동료는 물론 동성 간, 이성 간을 불문하고 널리 사용한다.

한편, 한국어에는 일본어의 '君'과 동일한 한자어를 어원으로 하는 '군'이라는 호칭이 있는데, 이는 '김 군'이라든가 '김

○○ 군'처럼 성이나 이름 뒤에 붙인다. 그러나 한국어의 '군'은 일본어의 '큔'과는 달리 동년배나 직장 동료끼리, 그리고 여성에게는 사용하지 않으며, 기본적으로 남성에게만 사용한다. 요컨대 선생님이 학생을 부를 때나 윗사람이 나이 차이가 많이 나는 젊은이를 부를 때만 사용하는 호칭이다.

따라서 한국 직장에서는 상사가 부하 직원에게 그리고 동료끼리는 '군'을 사용하지 않으며, "김 부장님"처럼 '성+직위명+경칭'으로 부르거나 '이름+씨' 혹은 '성+이름+씨' 등을 사용한다. 즉 한국어의 '군'이 나이나 세대를 기준으로 한 절대적인 상하관계를 기준으로 사용하는데 반해, 일본어의 '큔'은 상하관계와 관계없이 동년배나 동료끼리도 사용한다.

그 사용범위가 한국어의 '군'보다 훨씬 넓은 것이다. 결국 동일한 한자어를 어원으로 하고 발음까지 비슷한 한국어의 '군'과 일본어의 '큔'은 실제적인 언어생활에서 그 사용법이 상당히 다르다는 것을 알 수 있는데, 이러한 점은 한국과 일본의 사회문화적인 차이가 영향을 미치기 때문이다.

'우치'와 '소토'에 의한 호칭 구분

위에서 살펴본 바와 같이 필자의 지도교수가 필자를 부를 때, 'さん'에서 '큔'으로 호칭을 바꿔 불렀는데(이를 스타일 변환이라 한다) 이는 손윗사람, 손아랫사람이라는 상하의식 이상으

로 일본인의 '우치'와 '소토'라는 의식이 관여하고 있기 때문이다.

여기서 말하는 스타일 변환(style shift)의 스타일이란, 장면과 상대방 등 발화 상황에 따라 가려 쓰는 구어체와 문어체의 일정한 형식을 말한다. 그리고 발화 장면과 상대방의 심리 상황 등에 따라 어떤 스타일을 다른 스타일로 바꾸는 것을 스타일 변환이라고 한다.

다시 위의 사례로 돌아가보자. 지도교수는 필자가 연구생 시절에는 "任さん"으로 부르다 대학원생이 되자 "任君"으로 불렀다. 그런데 일본의 대학에서 연구생이라는 신분은 대학원 진학 시험에 실패할 경우, 재수를 한다든지 그렇지 않으면 귀국을 한다든지, 아니면 다른 대학의 대학원에 시험을 칠 수밖에 없는 소속이 불분명한 상태로 지도교수와 연구생과의 관계는 애매하고 불안정한 관계라 할 수 있다.

때문에 지도교수와 연구생과의 관계는 소토(외집단)관계라 할 수 있다. 그러나 대학원 합격자는 다르다. 사제관계를 맺고 시간을 들여 지도해야 할 대학원생은 지도교수에게는 말하자면 우치(내집단)에 속하는 존재다. 따라서 지도교수가 필자를 부를 때 'さん'에서 '君'으로 호칭을 바꿔 부른 것은 이른바 외부 영역에서 내부 영역으로 들어왔다는 것을 뜻한다.

결국 이런 점으로부터 일본인들은 상하관계뿐만 아니라,

우치와 소토 중 상대방이 어느 그룹에 속하느냐에 따라 호칭을 구분해서 사용한다는 것을 알 수 있다. 그리고 동일 인물을 상황에 따라 'さん'으로 부르기도 하고, '君'으로 부르기도 하고, 호칭을 생략하기도 하고, 때로는 별명으로 부르기도 한다. 이처럼 일본인이 호칭을 다르게 부르는 것은 호칭을 통해 인간관계의 심리적 거리를 조절·유지하기 때문이다.

예를 들면 평소에는 "父ちゃん(아빠)"이라 부르다 무언가 사주길 바란다거나 어리광을 부릴 때는 "パパ(파파)"로 부르는 것이다. 그러나 한국어에서는 이러한 호칭의 변화는 일본어처럼 흔히 나타나지 않는다. 그렇다면 일본인은 왜 이처럼 장면이나 상대방에 따라 호칭을 바꿀까? 이는 호칭이 서로 간의 귀속 의식을 확인하는 중요한 수단이 되기 때문이다.

그 후, 필자가 일본 생활에 어느 정도 익숙해지고 우치와 소토에 따라 호칭을 구분하는 데도 차츰 적응이 되자, 지도교수가 'さん'으로 부르면 왠지 모르게 심리적인 거리감이 느껴졌고, '君'으로 부르면 친근하게 느껴졌다.

귀속을 확인할 수 있는 호칭의 변화

세월이 흘러 필자가 유학 생활을 마치고 귀국하여 대학에서 강의를 하게 되었다. 그리고 얼마 지나지 않아 학회의 초청으로 지도교수가 한국을 방문하여 오랜만에 스승과 제자가 재회를 했다. 기조강연을 한 지도교수는 학회라는 공적인 장소에서는 제자인 필자를 "任先生"으로 불렀다. 그러나 학회가 끝나고 대학원생들과 함께한 회식 자리에서는 "任君"으로 불렀다.

그런데 자리를 함께했던 필자가 근무하는 대학교의 대학원생이 며칠 뒤에 당시의 호칭을 언급하면서 일본인 지도교수가 필자를 "任君"으로 부르는 것을 보고 충격을 받았다고 했다. 말하자면 일본인 지도교수가 필자를 얕잡아 보는 것 같았으며 너무나 거만해 보였다는 것이었다.

일반적으로 한국의 대학교수는 나이가 많은 교수가 젊은 교수에게 "○선생"이라든가 "○교수"라 부르며, 젊은 교수는 나이가 많은 교수에게는 '님'이라는 존칭을 붙여 "○선생님" "○교수님" 혹은 '직위+님'으로 부른다. 일본어의 'さん'에 대응하는 '씨'는 사용하지 않는다. 아무리 나이가 많은 교수라 하더라도 '성+씨'로 부르는 것은 자기의 권위를 내세우는 태도로 같은 동료 교수끼리라도 교수가 교수를 '성+씨'로 부른다는 것은 매우 무례한 행동이 된다. 더군다나 '성+군'으로 부른다는 것은 있을 수 없는 일이다. 그렇다면 왜 학회가 끝나고 장소가 회식 자리로 옮기자 일본인 지도교수는 "任先生"에서 "任君"으로 바꿔 불렀을까?

이는 '君'을 사용함으로써 상하관계보다는 오히려 과거에 있었던 두 사람 사이의 우치관계인 귀속의식을 확인하고, 동류(일본어의 '仲間' 개념)의식을 높여주었다고 할 수 있다. 더욱이 제삼자와 함께한 자리에서 '君'으로 부름으로써 두 사람의 귀속의식과 동류의식을 주변 대학원생에게 알려줬다고 할 수 있다. 그리고 이렇게 호칭을 바꾼 것은 사적인 자리에서 연장자로서 분위기를 부드럽게 하려는 의도도 있다고 볼 수 있다.

한편, 한국 사회에서도 친한 동료 교수끼리 스스럼없는 자리에서는 상대를 직위로 부르는 대신 이름이나 별명으로 부르는 경우도 있다. 그리고 이름에 호격조사인 '아'나 '야'를 붙여 "○○아(야)"라고 부를 수도 있다. 그러나 이런 호칭은 사적인 장소에서나 가능하지 공적인 장소나 제삼자, 특히 제자와 함께한 자리에서는 일반적으로 사용하지 않는다. 즉 손아랫사람과 함께 있는 장소라면 한국에서는 상하관계를 우선하여 호칭을 선택한다.

일본의 경우, 친한 교수라면 이름에 '君'이나 'ちゃん(짱)'을 붙여서 친근감을 나타내기도 하며 경우에 따라서는 애칭으로 부르는 사람도 있다. 이는 상하관계보다는 우치와 소토의 귀속의식이나 동류의식을 강조하는 호칭을 선택한 것이다. 이런 점으로 보아, 호칭의 변화를 주더라도 그것이 행해지는 사회나 문화에 따라 그 방법이 다르다는 것을 알 수 있다.

친근감을 나타내는 호칭

지금까지 언급한 호칭에 대한 오해의 사례는 필자의 경험담이었다. 그렇다면 한국에서 근무하는 어느 일본인 특파원의 사례도 들어보자.

이 특파원은 5년 동안 한국에 체류하면서 한국어도 유창하게 잘했다. 그래서 주위에 친한 한국인이 많았다. 그러나 대부분의 한국인이 자기를 부를 때 "鈴木さん(스즈끼상)" 혹은 "鈴木特派員(스즈끼특파원)"으로 불러서 매우 섭섭했다고 했다. 상사나 동료로부터 "鈴木さん" 혹은 "鈴木特派員"으로 불린다는 것은 우치가 아닌 소토로 인정하는 것으로써 친근감이나 동류의식을 느낄 수 없기 때문이었다.

또 그는 어느 재벌 CEO와도 친교가 있어 개인적으로 대단히 친했는데, 그 CEO도 "鈴木君(스즈끼쿤)"으로 불러주지 않았다. 그러던 어느 날 술자리에서 CEO가 "어이, 스즈끼"라고 성씨 뒤에 아무런 경칭을 붙이지 않고 부른 일이 있었다. 일본에서는 성씨 뒤에 아무런 경칭을 붙이지 않고 부르는 경우는 거의 없는 데 말이다. 그렇다면 왜 그 CEO는 "어이, 스즈끼"라고 불렀을까?

한국에서는 자기보다 나이 어린 사람을 아무런 경칭을 붙이지 않고 부른다는 것은 그만큼 허물이 없고 친근하다는 것을 의미한다. 때문에 일본인이 상대방을 우치로 인정하면 'さ

ん'에서 '쿰'으로 스타일을 변환해서 부르는 것처럼 한국어에서 아무런 경칭을 붙이지 않고 부르는 것은 친근감을 나타내는 표현 방법이다.

사회상을 반영하는 언어

한국어와 일본어는 공통으로 다른 언어에 비해 경어 체계가 발달되어 있는 언어로서 대우법 표현이 매우 복잡하다. 일본어 경어의 변천사를 통시적으로 살펴보면, 옛날에는 일본어 경어도 한국어 경어처럼 절대경어였다. 지금도 황실경어나 간사이(關西) 지역 일부에는 절대경어 요소가 남아 있다.

이번 장에서는 먼저 한국어와 일본어의 대우 표현에 대해 개관하고, 한국어의 절대경어와 일본어의 상대경어의 차이를 살펴보고자 한다. 또 한국인과 일본인이 친근감을 나타내는 방법과 한국인의 악수나 포옹 같은 스킨십, 일본인의 언어적 스타일 변환에 대해 짚어보려고 한다.

한국어의 절대경어와 일본어의 상대경어

한국의 예의범절

어느 휴일날, 필자의 안내로 일본인 교수와 함께 서울 근교의 절을 찾았을 때의 일이다. 목적지인 절까지는 산길을 상당히 걸어야 했다. 도중에 잠시 쉬고 있는데 일본인 교수 옆에 유치원에 다닐 정도의 어린 자매가 앉아 있었다. 일본인 교수가 과자를 건네주자 언니로 보이는 아이가 부끄러운 듯이 "감사합니다"라고 인사를 하면서 허리를 굽혀 두 손으로 공손하게 과자를 받았다. 고작 네댓 살 정도로 보이는 어린이가 이미 한국식 예의범절을 몸에 익힌 것을 보고 일본인 교수는 많은 감동을 받았다고 했다.

한국인의 경우 대인관계에서 가장 신경 쓰이는 부분은 역시 손윗사람 앞에서의 행동일 것이다. 그 아이가 했던 것처럼 한국에서는 손윗사람으로부터 무언가를 받거나 건넬 때는 한 손은 실례가 되기 때문에 두 손을 사용한다. 식사 때는 연장자가 수저를 들기 전까지 수저를 들지 않으며, 손윗사람 앞에서 술을 마실 때는 몸을 옆으로 틀어 마신다. 또 직장이나 학교에서도 연장자가 들어오면 앉아 있던 사람은 일어서며, 피우던 담배를 끄는 경우도 있다. 전화를 하다가도 일단 중단하고 가볍게 인사를 한다. 요즘 젊은이들한테는 이런 태도가 사라져간다는 우려의 목소리도 들리지만 유교의 가르침에 기반을 둔 '효'의 정신은 일본에 비하면 존중되고 있으므로 '동방예의지국'이란 이름이 아직은 부끄럽지 않은 사회인 것 같다.

복잡한 한국어의 대우 표현

한국어와 일본어의 경어 체계는 존경어, 겸양어, 미화어(美化語) 등 다양한 차이가 있으나 여기에서는 담화상의 공손도를 나타내는 대우 표현의 차이에 대해 살펴보겠다. 〈표 12〉는 서정수의 한국어 대우 표현 형태를 일본어의 표현과 비교한 것이다.[21]

먼저 한국어와 일본어 모두 대우법 표현을 높임말(한국어에서는 경의체, 일본어에서는 경체)과 낮춤말(한국어에서는 비경의체, 일본어에서는 상체)로 분류할 수 있다는 공통점이 있다. 그리고 한국어의 대우법 표현이 일본어보다 좀더 복잡하다는 것을 알 수 있다.

일본어의 높임말인 '本です(책입니다)' '行きます(갑니다)'에

한국어			일본어	
경의체	격식	합니다체	경체	です・ます체
	비격식	해요체		
비경의체		한다체 해체(반말)	상체	だ・である체

〈표 12〉 한국어와 일본어의 대우법 표현 형태

서의 'です·ます체'는 한국어에서는 '합니다체'와 '해요체'로 나뉘는데, 전자가 공손도가 더 높다. 그리고 일본어의 낮춤말은 하나인데 한국어에서는 '한다체'와 '해체'로 분류한다. 왜 한국어의 대우 표현이 일본어보다 복잡할까?

그 이유는 일본어는 화자가 자신이나 우치관계에 있는 사람을 낮추어 표현하는 낮춤말이 발달되어 있는 반면, 한국어는 상대방에 대해 경의를 나타내는 높임말이 발달되어 있어 대우 표현을 보다 세밀하게 분류하기 때문이다.

기준이 다른 절대경어, 상대경어

한국어의 경어를 절대경어라 하는데 절대경어란 어떤 것인지 예를 통해 살펴보도록 하자.

한국 초등학생들은 선생님께 반드시 높임말을 사용한다. 설령 젊은 선생님이라 할지라도 일본 초등학생들처럼 "先生, 一緒に遊ぼう!(선생님 같이 놀자!)"와 같은 표현은 결코 용납되지 않는다. 그리고 기본적으로 부모님에게도 높임말을 사용한다.

그러나 요즘, 특히 어머니에게 낮춤말을 사용하는 어린이가 많다. 기본적으로 낮춤말은 극히 친한 사람 사이에서만 사용하는 표현인데, 어머니에게 낮춤말을 하며 어리광을 부리거나 친근감을 나타내는 것이다. 하지만 성인이 된 자녀가 부모에게 낮춤말을 하는 것은 일반적으로 허용되지 않는다.

이와 반대로 일본에서는 부모에게 낮춤말을 사용하기 때문에 높임말인 'です·ます체'를 사용하면 분위기가 매우 어색해진다. 일본인들이 부모에게 높임말인 'です·ます체'를 사용하는 경우는 매우 격식을 갖춘 새해 인사를 하는 자리나 결혼식을 앞두고 부모에게 감사의 인사를 하는 자리 정도일 것이다. 그리고 부모가 나이가 들면 자식이 부모에게 "これ食べてみる。おいしいよ(이거 먹어 볼래? 맛있어)"처럼 낮춤말을 사용하거나 심지어는 나이 든 부모가 자식에게 높임말을 사용하는 장면도 볼 수 있다.

그러나 한국에서는 이런 일은 절대로 있을 수 없다. 설령 부모가 나이가 들어 자식에게 부양을 받고 있다 하더라도 부모는 자식에게 낮춤말을 사용하고, 자식은 부모에게 높임말을 사용한다. 나이 차이가 그다지 나지 않는 형제간에는 낮춤말을 사용하지만 과거에는 6, 7살 정도 차이가 나면 낮춤말을 사용하지 않았다. 그리고 형이 결혼할 나이가 되면 동생은 형에 대한 대우도를 높여 높임말을 사용하기도 했고, 자매의 경우는 특별히 눈에 띄는 변화는 없으나 누나와 남동생의 경우는 남동생이 시집간 누나에게 높임말을 하기도 했다.

이런 점으로부터 한국의 경어는 상하관계를 중시하는 유교적인 전통이 반영되어 있는 절대경어라 할 수 있다. 따라서

한국에서 선생님 댁에 전화를 걸어 전화를 받은 자제에게 "○
교수님 계십니까?"라고 물으면 대답은 "안 계시는데요."라고
높임말을 사용한다. 마찬가지로 회사에서도 외부에서 전화가
걸려 왔을 때, 직원은 "사장님은 안 계십니다"라고 자기 회사
사장을 경칭으로 부르며 높임말로 대우한다. 때문에 한국에
서는 소토관계라 할지라도 손윗사람에 대해 언급할 때는 친
척이든 누구든 간에 높임말로 말한다.

　그러나 한국과는 달리 일본에서는 우치관계인 자기 가족
이라든지, 자기 회사 사장은 대외적으로는 낮춤말로 대우하
기 때문에 위와 같이 응대를 한다면 경어를 사용할 줄 모르는
사람이 되어 버린다. 일본은 이런 장면에서 경칭을 생략하여
"社長はいません"이라고 한다. 직역하면 '사장은 없습니다'
가 된다. 이렇기 때문에 일본어를 상대경어라 한다. 한국어의
경어가 연령이나 상하관계라는 절대적인 요소를 기준으로 사
용하는 데 반해, 일본어의 경어는 상하관계도 영향을 미치지
만 그보다 친소관계나 우치·소토라는 상대적인 요인을 기준
으로 경어를 사용하기 때문이다.

한국인과 일본인의 친근감 표현법

친근감을 나타내는 한국인의 스킨십

한국에서는 손윗사람에게 사용할 수 있는 대우 표현이 정해져 있을 뿐만 아니라, 행동도 조심스럽게 해야 한다. 이런 점만 본다면 한국 사회는 항상 연령이나 사회적인 지위를 기준으로 상하관계에만 신경을 쓰는 사회처럼 보인다. 한국어에는 이런 경어의 엄격한 규범이 있는데, 그렇다면 한국인은 손윗사람에게 어떻게 친근감을 나타낼까?

우선 제3장에서 서술한 바와 같이 한국 사회에서는 자신의 생각을 확실히 전달할 때 좋은 평가를 받는다. 때문에 일본인에 비해 설령 상대방이 손윗사람이라 할지라도 자유롭게 자신의 감상과 감정을 말로 표현하여 친근감을 나타낸다.

예를 들면 학생이 "선생님, 오늘은 피곤해 보이세요"라든지, "얼굴색이 안 좋으세요" 등과 같은 직접적인 표현을 면전에서 하는 경우도 드물지 않다. 일본이라면 손윗사람에게 이런 발언을 하면 상대방의 사생활을 침해하는 예의 없는 무례한 행동이 된다. 그러나 한국에서는 이런 솔직한 발언은 반드시 무례한 행동이라 할 수 없으며, 오히려 상대방에 대한 적극적인 관심과 친근감을 나타내는 표현이 될 수도 있다.

친근감을 나타내는 다른 방법으로 스킨십이 있다. 한국 사회에서는 남성이든 여성이든 만나고 헤어질 때, 그리고 이야기 도중에 서로 손을 잡거나 어깨에 팔을 얹는 등 일본인에 비해 상대방의 신체에 스킨십을 많이 한다. 일본에서도 친한 친구나 연인끼리 손을 잡는 모습은 자주 볼 수 있으며, 상사가 부하의 어깨를 가볍게 두드린다든지, 선생님이 학생의 머리를 쓰다듬는 경우도 있다. 하지만 한국인은 일본인에 비해 스킨십의 밀도가 높은 편이다.

예를 들면 일본에서는 아버지와 중·고등학교에 다니는 자녀가 공공장소에서 손을 잡는 모습은 거의 볼 수 없다. 그러나 한국에서 이런 광경은 다른 사람들의 눈총을 받을 일도 없으며, 아버지가 애정 표현으로 머리를 쓰다듬는 것과 다를 바 없다. 또 술자리에서는 남성끼리 어깨를 끌어안기도 한다. 일본인이 보면 놀라겠지만 한국인에게 이런 스킨십은 친근감을 나타내는 소중한 커뮤니케이션 수단의 하나다.

그리고 일본에서는 포옹을 하는 습관이 거의 없기 때문에 가족처럼 가까운 사람일지라도 포옹을 잘 하지 않는다. 그렇다고 해서 전혀 스킨십이 없는 것은 아니다. 예를 들면 부모, 자식이 함께 이불을 나란히 펴놓고 잔다거나, 함께 목욕을 하는 등 공간의 공유를 통해 간접적인 스킨십을 하고, 직접적인 스킨십으로 안마도 한다. 한국에서도 TV 드라마를 보면 부모님의 팔다리를 주무르는 장면을 볼 수 있다. 이런 행위는 밀도가 높은 행위로서 가족 간의 친근감을 표현하고 확인하는 수단으로 이런 스킨십이 일상생활에서 흔히 일어난다.

아울러 일본에서는 절대 볼 수 없는 비언어적 행동의 한 예로 결혼식장에서 신랑·신부가 입장하기 전에 양가의 어머니가 손을 잡고 입장하여 촛불을 밝히는 광경이 있다. 이런 부분에도 한국인은 언어뿐만 아니라, 비언어적 행동으로 친근감을 적극적으로 표현한다. 그러나 한국인은 막연히 그리고 무턱대고 친근감을 나타내기 위해 스킨십을 하는 것은 아니다. 그 안에는 나름대로의 규칙이 작용하고 있다.

손윗사람이 쥐고 있는 스킨십의 주도권

일본인은 일상적인 장면에서 악수를 거의 하지 않고 절을 한다. 악수를 하는 장면은 선거철을 앞두고 목격할 수 있는데, 이는 한 표를 부탁한다는 의미로 해석된다. 그리고 악수를 하더라도 손에 힘을 주지 않기 때문에 일본인과의 악수를 마치 '죽은 고기를 만지는 것 같아' 기분 나쁘다고 말하는 외국인들도 있다.

그런데 한국은 일본과 달리 악수가 거의 일상화되어 있다. 일설에 의하면 한국에서 악수는 해방 이후 미군이 주둔하면서 널리 퍼지기 시작했다고 하는데, 사실 한국에서는 예부터 먼 곳에서 온 지인이나 손님을 맞이할 때, 양손으로 상대방의 손을 잡는 습관이 있었다.

악수를 할 때는 기본적으로 손윗사람이 먼저 악수의 계기를 만들어 손을 내밀면 손아랫사람은 허리를 조금 굽혀 한 손이나 양손으로 악수를 한다. 손윗사람은 허리를 굽히지 않고 직립 자세를 유지하며, 다른 손으로 상대방의 팔을 만지기도 하고, 손등을 쓰다듬거나 가볍게 두드리기도 한다. 이런 식으로 손윗사람은 친근감을 표현하는 것이다.

한국 대학에서는 다음과 같은 일도 가끔 있다. 방학이 끝나고 새로운 학기가 시작되면 오랜만에 만난 여교수와 여학생들이 포옹을 하는 장면이다. 선생과 학생이 복도에서 포옹을 하는 것은 일본 대학은 물론 일상적으로 포옹을 하는 미국 대학에서도 거의 볼 수 없는 장면이다. 한국에서도 이런 경우는 흔치 않은 장면이겠지만 나이나 사회적인 지위에 차이가 나는 여성끼리는 손윗사람이 손아랫사람의 팔이나 손을 잡아 스킨십의 계기를 만드는 경우가 많다.

물론 친한 여성끼리라면 손아랫사람이 손윗사람의 팔짱을 끼는 경우도 있다. 그러나 기본적으로는 손윗사람이 상대방의 마음을 헤아려 손아랫사람에게 스킨십을 한다. 앞에서 논한 남성의 악수와 동일한 규칙이 작용하고 있다고 볼 수 있다. 이처럼 손윗사람이 먼저 주도권을 쥐고 스킨십을 함으로써 나이나 사회적인 지위라는 상하관계 속에서도 친근감을 표시

할 수 있다.

스킨십을 잘 하지 않는 일본인

다음은 한국의 인기 프로그램이었던 〈TV는 사랑을 싣고〉에서 있었던 일이다. 그날의 출연자인 젊은 남성 가수가 초등학교 때 담임선생님을 재회하는 장면이었다. 그 가수는 당시 집안이 가난해 급식비도 제대로 못 내고 있었는데, 담임선생님께서 신경을 써주시며 퇴근길에 들러 먹을 것을 가져다주기도 했다는 것이다.

드디어 출연자가 은사와 십수 년 만에 재회하는 순간이 되었다. 감동적인 음악이 흐르며 문이 열리자 이미 중년이 된 은사가 서 있었다. 이를 본 출연자는 은사가 서 있는 곳으로 달려가 눈물을 흘리며 선생님을 끌어안았다. 선생님도 눈물을 흘리고 있었는데 다음 그 가수는 갑자기 바닥에 엎드려 큰절을 했다. 그 모습을 선 채로 지켜보고 있던 선생님은 그가 일어서자 또 한 번 그를 안아주었다.

이처럼 한국 사회는 나이나 사회적인 지위를 기준으로 하는 언어상의 상하관계가 존재한다. 하지만 스킨십을 효과적으로 이용해 친근감을 표현할 수 있다. 반면에 일본인은 상하관계에 있는 상대와는 그다지 스킨십을 하지 않는다.

2002년 월드컵에서 일본 팀이 선전한 것이 계기가 되어 젊

은이들을 중심으로 기쁨이나 즐거움을 공유하는 표현으로 하는 포옹이 상당히 눈에 띄게 되었다. 최근에는 'ハグ(hug)'라는 말 자체가 상당히 정착되었다는 느낌이 들지만, 한국인과 비교해보면 여전히 스킨십을 잘 하지 않는 것 같다. 그렇다면 일본인은 손윗사람에게 어떻게 친근감을 나타낼까?

말과 글에서 나타나는 일본인의 스타일 변환

일본인 교수의 한국 경험담이다. 어느 봄날, 수업을 마치고 계단을 올라가는데 위에서 아는 동료 교수님이 내려왔다. 그 교수는 초봄을 연상케 하는 옅은 핑크색 차림이었는데 모노톤 패션의 학생들에 비해 유달리 화사해 보였다. 계단을 스쳐 지나가면서 일본인 교수가 "와! 교수님, 예쁘다"라고 말을 건네자 동료 교수는 조금 난처한 표정을 지으며 "감사합니다"라고 인사를 하고 지나가 버렸다.

무언가 분위기가 이상하다고 느낀 일본인 교수가 후에 대학원생에게 이러한 상황에 대해 물어봤더니, 지위와 나이가 위인 교수님께 "예쁘다"라고 낮춤말을 써서는 안 된다는 것이었다. 즉, "예쁘다"보다는 "예쁘십니다"라든가 "예쁘시네요"와 같이 상대방에게 경의를 나타내는 표현을 사용해야 한다는 것이었다.

동료 교수의 입장에서는 예의를 모르는 사람으로 비쳤을

지 모른다. 그러나 일본인 교수는 그 동료 교수와는 나이 차이도 그렇게 많지 않았으며, 한국 생활에 익숙하지 않던 차에 개인적으로 친근감을 느끼고 있던 사이라 낮춤말을 사용해서 심리적인 거리를 좁히는 효과를 기대했을 것이다. 때문에 일본에서 하는 커뮤니케이션 스타일대로 동료 교수에 대한 친근감을 표현하고자 한 것이다. 즉 일본이었다면 "와! 교수님, 예쁘다"라고 해도 초등학생이 선생님께 친근감을 나타내기 위해 "先生! 一緒に遊ぼう(선생님, 같이 놀자)"를 사용한 것처럼 그다지 이상한 표현이 아니다. 그러나 아무리 한국어와 일본어의 경어가 비슷하다 하더라도 일본어의 커뮤니케이션 스타일대로 낮춤말로 표현했기 때문에 이런 난처한 일이 발생한 것이다.

일본어의 표현은 상하관계뿐만 아니라, 우치와 소토의 구별이나 상황의 격식 정도에 따라서도 구별해 사용한다. 그리고 평소 낮춤말을 사용하는 사람에게도 격식을 갖추어야 할 자리에서는 높임말로 변환하고, 처음 만나 높임말을 사용하던 사람에게는 다음에 만났을 때는 낮춤말을 섞어 쓰는 등 동일한 상대방에게도 각각의 상황에 맞는 어휘를 구사한다.

그런데 이처럼 한 담화 내에서 이루어지는 스타일 변환은 구어뿐만 아니라, 문어에서도 나타난다. 편지로 예를 들어보자. 일본 사회에서 편지란 상당히 관습적이며 격식을 갖춘 형식으로 인식되어 친한 사람에게도 높임말로 편지를 쓴다. 그러나 편지 곳곳에 높임말에서 낮춤말로 스타일을 변환하는 경우가 있다. 다음은 어느 일본인 교수가 미국 유학 시절, 일본인 친구한테 받은 편지다.

元気ですか。日本は2月に入ってから急に冷え込みが激しくなって、先日は関東地方大雪のせいで大混乱になりました。おまけにその翌日の朝方に震度5の大地震があり、大変でした。筑波は震度3.5ぐらいで、<u>これといった混乱はなかったけどね</u>。

잘 지내십니까? 일본은 2월에 접어들어 갑자기 추워져, 얼마 전 간토지방에는 폭설이 내려 매우 혼란스러웠습니다. 게다가 그다음 날 아침에는 진도 5의 대지진이 일어나 대단했습니다. 쓰쿠바는 진도 3.5 정도여서 특별히 혼란스럽진 않았지만.

여기서는 '元気ですか(잘 지내십니까?)'라는 형식적인 인사말로 시작하여 높임말의 문장이 계속되다 밑줄 친 부분의 '混乱はなかったけどね(혼란스럽진 않았지만)'에서는 낮춤말 문장이 나타난다. 그런데 높임말에서 낮춤말로 스타일 변환이 일어난 부분의 내용을 살펴보면, 일본 전체의 상황을 전달하는 부분에서는 높임말을 사용했다. 그리고 서로 잘 알고 있는 장소인 쓰쿠바에 대한 상황을 전달하는 부분에서는 낮춤말을 사용한 것이다.

물론 '混乱はなかったけどね(혼란스럽진 않았지만)' 부분을 '混乱はなかったですけどね(혼란스럽진 않았습니다만)'라 할 수도 있다. 하지만 이런 스타일은 조금 냉정하고 쌀쌀맞게 느껴질 수 있다. 결국 이런 스타일 변환은 일본에 대한 전국적인 뉴스는 '소토' 정보로 전달하고, 지역적인 쓰쿠바에 대한 뉴스를 '우치' 정보로 전달할 때 효과적으로 기능한다. 그리고 대우 표현을 한 단계 낮춤으로써 상대방과의 심리적인 거리감을 좁히고 친근감을 전달할 수 있는 것이다.

이처럼 일본어 편지에서는 높임말과 낮춤말의 스타일 변환이 편지를 쓰는 사람과 읽는 사람의 심리적인 거리를 조절하는 역할을 한다.

사회상에 따라 변화하는 경어 사용법

처음 만난 사람과의 커뮤니케이션

어느 한국인 여성 S씨는 일본에서 4년 정도 근무한 경험도 있으며, 원어민 수준의 일본어 능력을 갖추고 있었다. 그런데 친한 일본인 친구에게 편지를 보냈는데 그 친구로부터 "이렇게 웃긴 편지는 처음 받아보았다"며 놀림을 당했다. 그 편지의 문체는 다음과 같다.

〇〇ちゃん、元気？ 久しぶり。ソウルはもう雪が降ったけど、

そっちはどう？

〇〇야, 안녕? 오랜만이야. 서울은 벌써 눈이 내렸는데, 거긴 어

떠니?

한국에서는 친한 친구끼리는 보통 낮춤말로 대화를 한다.
이는 편지를 쓸 때도 마찬가지다. 친한 친구에게 높임말로 편
지를 쓴다는 것은 위화감과 거리감을 느끼게 한다. 그러나 한
국어 대우 표현에 따라 전부 낮춤말로 쓴 S씨의 편지를 읽어본
일본인 친구는 마치 어린이가 쓴 편지처럼 느꼈다는 것이다.

한국에서는 친한 사람에게 편지를 쓸 때, 일반적으로 낮춤
말로 쓰며 높임말을 사용하는 스타일 변환은 하지 않는다. 이
렇게 보면 한국어는 상하관계만이 대우 표현에 제약을 주는
것 같다. 그렇다면 친소관계는 대우 표현에 아무런 영향도 미
치지 않으며 상대가 아무리 친하고 사회적으로 상하관계가
없다 할지라도 한국인은 처음 만난 사람과도 낮춤말로 이야
기를 할까?

이런 점을 규명하기 위해 김진아는 한일 양국의 대우 표현
이 대화 상대에 따라 어떻게 변하는가를, 처음 만난 사람과
5분 간의 대화를 통해 〈표 13〉과 같이 분석하였다.[22]

한국인은 상대방과 나이 차이가 있는 경우 손윗사람은 손

	나이 차이가 있는 경우	나이 차이가 없는 경우
한국인	손윗사람은 낮춤말을 사용 / 손아랫사람은 높임말을 사용	서로 높임말을 사용 (낮춤말 회피)
일본인	서로 높임말을 유지 (낮춤말 회피)	높임말은 쓰지 않고 술부를 회피함 (높임말 회피)

〈표 13〉 한일 첫 대면의 담화 전략

아랫사람에게 낮춤말을 사용하는 반면, 손아랫사람은 손윗사람에게 높임말을 사용하여 상하관계를 확실히 하는 절대경어의 경향이 보인다. 그러나 일본인은 서로 처음 만난다는 상황과 격식을 의식하여 서로 낮춤말을 회피하고 높임말을 사용한다. 그렇다면 동년배인 경우는 어떨까?

설령 초면이라 할지라도 상대방과 나이 차이가 없을 경우, 일본인은 높임말을 쓰지 않고 술부를 회피한다. 즉 경어를 회피한다는 것을 알 수 있다. 앞서 말한 "와! 교수님, 예쁘다"라는 발화도 "예쁘십니다"라는 발화의 술부를 회피하고 있다. 높임말과 낮춤말을 구별하는 술부를 일부러 회피함으로써 친근감을 나타내고 가벼운 분위기를 연출하는 것이다.

이에 비해 한국인은 상대방과 나이가 같더라도 초면인 사람한테는 서로 높임말을 사용한다. 이런 점에서 한국에서도 상하관계뿐만 아니라, 친소관계도 언어 사용에 영향을 미친다는 것을 알 수 있다. 그리고 기본적으로 한국어가 절대경어, 일본어가 상대경어라 할지라도 상대방과의 상하관계, 친소관계, 격식도 등에 따라 대우 표현이 변한다는 것을 알 수 있다.

말은 사회상을 반영한다

일본의 시대극을 보면 알 수 있듯이, 에도시대(1603~1867년)의 무사 사회는 부모님께 경어를 사용하던 절대경어 사회였다. 그러나 같은 무사 사회라 하더라도 서서히 주군에 대한 '충'이 중시되기 시작하여 부모보다 주군을 중시하는 사회로 변해 갔다. 그래서 일본 사회에서는 부모의 임종보다 주군을 향한 충성을 우선시하는 풍조가 있었다. 때문에 일하다 부모님의 임종을 지키지 못했다는 이야기가 지금도 미담이 되곤 한다.

그러나 주자학의 영향을 받아 부모나 조상에 대한 '효'가 중시되는 한국 사회에서는 이런 행동은 불효라 할 수 있다. 부모를 향한 절대적인 '효'의 개념과 의리와 인정을 축으로 하는 '충'의 개념은 한국과 일본에서 공유되는 부분도 많지만 역시 한국은 부모에 대해서는 절대경어 사회라 할 수 있을 것이다. 그렇다면 한국인과 일본인은 현재 경어를 어떻게 사용하고 있을까?

앞서 언급한 바와 같이 한국에서도 부모에게 낮춤말을 사용하는 젊은이가 증가하고 있다. 반대로 상대경어를 사용하는 일본 사회에서도 우치·소토의 규범이 지켜지지 않아 소토

관계에 있는 사람에게 자기 아버지를 'お父さん(아버지)', 어머니를 'お母さん(어머니)'으로 지칭하는 일본인도 드물지 않다. 본래는 父(ちち), 母(はは)라고 해야 하는데 말이다.

2003년 일본에서도 상영되어 호평을 받았던 한국 영화 〈엽기적인 그녀〉에서는 손윗사람에게 당당하게 반말을 하는 여대생이 주인공이다. 상대가 이성이든 손윗사람이든 반말로 몰아세우는 여주인공의 모습에서 한국 사회의 언어 변화를 느낄 수 있다. 그러나 여주인공에게 휘둘리는 한 살 연상의 남자 대학생이 연하의 여자 친구의 반말에 집착하는 모습이 재미있게 그려져 여전히 절대경어에 집착하는 한국 사회가 반영되어 있는 것을 볼 수 있다.

절대경어와 상대경어란 개념은 한국어와 일본어의 차이를 나타내지만 그 차이에 대해 정확하게 경계선을 긋기는 쉽지 않다. 절대경어 쪽에 가깝다, 상대경어 쪽에 가깝다는 어디까지나 '경향'으로서의 차이기 때문이다. 말은 사회를 반영하는 거울이다. 앞으로 사회적인 변화가 한국어와 일본어의 경어에 어떻게 반영되어 나타날지 그 변화의 추이가 주목된다.

나가며

 한자 문화권에 속하는 한일 양국은 지정학적으로 인접해 있기 때문에 정치, 경제, 사회, 문화 등 각 방면에 다대한 영향을 주고받으며 발전해왔다. 최근에는 인적·물적 교류는 물론 문화적인 교류도 활발히 이루어지고 있어 양 국민의 커뮤니케이션의 기회 또한 증가하고 있다.

 이에 이 책에서는 한국인과 일본인의 커뮤니케이션 스타일의 차이에 대해 구체적인 예를 들어가면서 살펴보았다. 그렇다면 이와 같이 한국과 일본의 언어문화를 비교한다는 것은 어떤 의의가 있을까?

 한국과 일본은 비슷하지만 서로 많이 다르다. 비슷하면서 서로 다르기 때문에 서로 간에 생각지도 못했던 오해나 마찰이 생기기 쉽다. 그렇기 때문에 이문화로서의 한일 간의 차이를 인식하는 것이 상대방을 자기 기준에 맞춰 판단하는 과오를 방지하고 나아가서는 서로를 존중할 수 있는 방법이라 생각한다.

지금까지 대조언어학적인 연구의 흐름은 한국어와 일본어를 비교하든, 한국어와 영어를 비교하든, 언어현상의 구조적인 측면만을 분석 대상으로 삼아, 그 구조를 해명하는 연구가 주류를 이루어왔다. 두말할 것도 없이 이런 연구는 언어의 내적 구조를 이해하는 데 대단히 유익한 것이었다. 그러나 언어와 그 언어가 존재하는 토양으로서의 사회라든가 문화라는 측면에 대한 연구는 충분히 이루어지지 않은 것으로 보인다.

구미의 여러 언어에 비해 한국어와 일본어는 같은 한자 문화권에 속해 있는 유사 언어다. 하지만 한국어와 일본어가 아무리 비슷하다 하더라도 그 말을 사용하는 토양으로서의 문화가 서로 다르기 때문에 당연히 그 사용법도 다르다. 말을 할 때는 말의 체계, 즉 '문법능력'이나 사용법의 규범이 되는 '화용론적 능력'뿐만 아니라, 사용법의 규범이 기능하는 사회문화적인 지식체계로서의 '언어문화 능력'이 필요하다 하겠다.

언어란 살아 움직이는 것으로서, 인간이 살아가는 사회에서 발생하여 사회에 호응하며 변화해간다. 따라서 하나의 현상만을 보고 언어와 사회의 관계를 논하려 하면 그 실태를 명확히 밝힐 수 없는 경우가 많다. 때문에 오해와 편견으로 이어질 위험성을 내포하고 있다. 따라서 언어의 최소 단위인 '음소'에서부터 언어사용의 최대 단위인 '언어사회'에 이르기까지, 여러 가지 현상을 보다 면밀히 규명해 간다면 한국과 일본의 언어문화가 좀 더 선명하게 보이지 않을까 한다.

최근 한국과 일본은 순조롭게 선린우호가 이루어지는 분야가 있는가 하면 한국을 싫어하는 혐한(嫌韓)도 증가하고 있다. 이처럼 한일관계가 새로운 시대에 돌입하고 있는 오늘날, 한국과 일본의 언어와 사회에 대한 제반 문제를 구체적으로 규명한다는 것은 그 의의가 자못 클 것이다. 왜냐하면 이런 분야에 대한 지속적인 연구를 통해 한국과 일본의 진정한 인적·물적 교류는 물론, 사회문화적인 교류의 구체적인 이정표가 현재적(顯在的)으로 나타나게 될 것이기 때문이다.

그리고 현재, '웰페어 링귀스틱스(welfare linguistics)'라는 용어가 사회언어학의 분야에서 제창되고 있다. 모두 알고 있는 것처럼 'welfare'란 복지, 행복, 번영을 의미하며, 'linguistics'는 언어학이라는 의미다. 따라서 'welfare linguistics'란 언어연구가 전문화·세분화되어 있는 오늘날, 인간의 행복과 복지를 염두에 둔 언어학적 연구가 필요하다는 것을 주창하는 분야이다. 앞으로 'welfare linguistics'의 정신에 기초한 연구가 활발히 전개되리라 믿어 의심치 않는다.

지금까지 이 책을 통해 한국인과 일본인의 커뮤니케이션 스타일이 서로 다르다는 사실과 자기도 모르는 사이에 오해와 편견을 낳고, 오해와 편견이 반복되어 그 결과 서로의 모습이 왜곡될 가능성이 있다는 것을 알았다. 하지만 오해가 인간이 생활하는 데 있어서 피할 수 없는 것이라면, 그것의 발생을 예방하는 대화전략의 하나로서 오해와 편견의 메커니즘을 규명하는 것도 인간이 해야 할 의무일 것이다.

이런 오해와 편견의 메커니즘을 규명한다는 것은 언어학자가 이 세상에 공헌할 수 있는 역할이자 학제 간(inter disciplinary) 연구의 좋은 주제가 될 것이다. 그리고 오해나 마찰에 대한 메커니즘의 규명은 사회언어학을 비롯한 언어인류학 등 이 분야와 관계가 깊은 연구자들이 인류 공생을 위해 규명해야 할 커다란 명제일 것이다.

끝으로 본서는 일본에서 출판한 『箸とチョッカラク―ことばと文化の日韓比較―』(하시와 젓가락-언어와 문화의 일한비교-)(大修館書店, 2004)의 일부를 변역하여 수정·가필하였음을 밝혀둔다.

주

1) Samovar, L.A, Poter,R.E. and Jain,N.C., 西田司 외 옮김, 『異文化コ
ミュニケーション入門』, 聖文社, 1983.

2) 馬瀬良雄 · 岡野ひさの · 入山あつ子 · 伊藤祥子, 「言語行動の国
際比較—日本 · 台湾 · マレーシア(マレー系)の大学生の挨拶行
動を中心に—」, 『現代人とことば』, 銀河書房, 1988.

3) 李娥進, 『あいさつ行動の社会言語学的研究—韓日の大学生を
中心に—』, 中央大学校大学院 碩士學位論文, 1998.

4) Brown, P. and S. C. Levinson, 『*Politeness: Some Universals in
Language   Use*』. Cambridge University Press, 1987.

5) Hendry, J, 『*Wrapping Culture: Politeness, Presentation, and Power in
Japan and Other Societies*』. Clarendon Press, 1993.

6) 奥山洋子, 『質問と自己開示による情報収集の韓日比較—大
学生同士の初対面の 会話資料をもとに—』, 中央大学校博士
学位請求論文, 2000.

7) メイナード · K · 泉子, 『会話分析』, くろしお出版, 1993.

8) 任榮哲 · 李先敏, 「あいづち行動における価値観の韓日比較」,
『世界の日本語教育』(第5号), 国際交流基金日本語国際セン
ター—, 1995.

9) 李善雅, 「議論の場におけるあいづち—日本語母国語話者と韓
国人学習者の相違—」, 世界の日本語教育』(第11号), 国際交
流基金日本語国際センター—, 2001.

10) マジョリー · F · バーガス, 石丸正 訳, 『非言語コミュニケーショ
ン』, 新潮社, 1987.

11) Bailey, B. 「Communication of respect in inter ethnic service
encounters.」, In A. Duranti ed., *Linguistic Anthropology: A Reader*.
Blackwell Publishers Inc, 2001.

12) 任炫樹, 「日本語と韓国語の断り表現」, 『ことばの科学』(第
12号), 名古屋大学言語文化部言語文化研究会, 1999.

13) 임영철 · 김윤희, 「한일 거절표현의 구조에 대한 사회언어학적 접
근」, 『日本研究』(43호), 한국외국어대학 일본연구소, 2010.

14) 任榮哲·黃慧仙,「韓·日·中3国の依頼過程における解明に関する対照社会言語学的研究」,『日本近代学研究』(30號), 韓国日本近代学会, 2010.

15) 任榮哲,「謝罪行為の社会語用論的一考察」,『徳川宗賢先生追悼論文集 20世紀フイールド言語学の軌跡一』, 変異理論研究会編, 2000.

16) Hall Edward. T,『*Beyond Culture*』. Doubleday and Co, 1976.

17) Yamada, H. 『*American and Japanese Business Discourse: A Comparison of Interactional Strategies*』, Ablex, 1992.

18) 金田一春彦,『日本語の特質』, NHKブックス, 1991.

19) 劉孝鐘,「人称、呼称でみる日本語と韓国語のあいだ」,『東西南北1993 文化としての言葉―あなたと私の世界』, 和光大学総合文化研究所, 1994.

20) 徐潤純,「韓日両語における呼称と人称詞についての考察―自称詞を中心として」, 中央大学校大学院(私家版), 1999.

21) 徐正洙,『現代国語文法論』, 한양대학교 출판원, 1996.

22) 金珍娥,「日本語と韓国語における談話ストラテージとしてのスピーチレベルシフト」,『朝鮮学報』(第183輯), 朝鮮学会, 2002.

일본인은 왜 속마음을 말하지 않을까

펴낸날	**초판 1쇄 2014년 12월 19일**

지은이	**임영철**
펴낸이	**심만수**
펴낸곳	**(주)살림출판사**
출판등록	**1989년 11월 1일 제9-210호**

주소	**경기도 파주시 광인사길 30**
전화	**031-955-1350 팩스 031-624-1356**
기획 · 편집	**031-955-4671**
홈페이지	**http://www.sallimbooks.com**
이메일	**book@sallimbooks.com**

ISBN	**978-89-522-3001-0 04080**

※ 값은 뒤표지에 있습니다.
※ 잘못 만들어진 책은 구입하신 서점에서 바꾸어 드립니다.

이 저서는 2012년 정부(교육과학기술부)의 재원으로 한국연구재단의 지원을 받아 수행
된 연구임(NRF-2012S1A6A3A02033580)

책임편집	**박종훈**

089 커피 이야기   `eBook`

김성윤(조선일보 기자)

커피는 일상을 영위하는 데 꼭 필요한 현대인의 생필품이 되어 버렸다. 중독성 있는 향, 마실수록 감미로운 쓴맛, 각성효과, 마음의 평화까지 제공하는 커피. 이 책에서 저자는 커피의 발견에 얽힌 이야기를 통해 그 기원을 설명한다. 커피의 문화사뿐만 아니라 커피에 대한 일반적인 정보 및 오해에 대해서도 쉽고 재미있게 소개한다.

021 색채의 상징, 색채의 심리

박영수(테마역사문화연구원 원장)

색채의 상징을 과학적으로 설명한 책. 색채의 이면에 숨어 있는 과학적 원리를 깨우쳐 주고 색채가 인간의 심리에 어떤 작용을 하는지를 여러 가지 분야의 사례를 통해 설명한다. 저자는 색에는 나름대로의 독특한 상징이 숨어 있으며, 성격에 따라 선호하는 색채도 다르다고 말한다.

001 미국의 좌파와 우파   `eBook`

이주영(건국대 사학과 명예교수)

진보와 보수 세력의 변천사를 통해 미국의 정치와 사회 그리고 문화가 어떻게 형성되고 변해왔는지를 추적한 책. 건국 초기의 자유방임주의가 경제위기의 상황에서 진보-좌파 세력의 득세로 이어진 과정, 민주당과 공화당의 대립과 갈등, '제2의 미국혁명'으로 일컬어지는 극우파의 성장 배경 등이 자연스럽게 서술된다.

002 미국의 정체성 10가지 코드로 미국을 말하다   `eBook`

김형인(한국외대 연구교수)

개인주의, 자유의 예찬, 평등주의, 법치주의, 다문화주의, 청교도 정신, 개척 정신, 실용주의, 과학·기술에 대한 신뢰, 미래지향성과 직설적 표현 등 10가지 코드를 통해 미국인의 정체성과 신념을 추적한 책. 미국인의 가치관과 정신이 어떠한 과정을 통해서 형성되고 변천되어 왔는지를 보여 준다.

058 중국의 문화코드

강진석(한국외대 연구교수)

중국의 핵심적인 문화코드를 통해 중국인의 과거와 현재, 문명의 형성 배경과 다양한 문화 양상을 조명한 책. 이 책은 중국인의 대표적인 기질이 어떠한 역사적 맥락에서 형성되었는지 주목한다. 또한, 구체적이고 실제적인 여러 사물과 사례를 중심으로 중국인의 사유방식에 대해 설명해 주고 있다.

057 중국의 정체성 `eBook`

강준영(한국외대 중국어과 교수)

중국, 중국인을 우리는 과연 어떻게 이해해야 하나? 우리 겨레의 역사와 직·간접적으로 끊임없이 영향을 주고받은 중국, 그러면서도 아직까지 그들의 속내를 자신 있게 말할 수 없는, 한편으로는 신비스럽고, 한편으로는 종잡을 수 없는 중국인에 대한 정체성을 명쾌하게 정리한 책.

015 오리엔탈리즘의 역사 `eBook`

정진농(부산대 영문과 교수)

동양인에 대한 서양인의 오만한 사고와 의식에 준엄한 항의를 했던 에드워드 사이드의 오리엔탈리즘. 이 책은 에드워드 사이드의 이론 해설에 머무르지 않고 진정한 오리엔탈리즘의 출발점과 그 과정, 그리고 현재와 미래의 조망까지 아우른다. 또한 오리엔탈리즘이 사이드가 발굴해 낸 새로운 개념이 결코 아님을 역설한다.

186 일본의 정체성 `eBook`

김필동(세명대 일어일문학과 교수)

일본인의 의식세계와 오늘의 일본을 만든 정신과 문화 등을 소개한 책. 일본인을 지배하는 이데올로기는 무엇이고 어떤 특징을 가지는지, 일본을 주목해야 하는 이유는 무엇인지 등이 서술된다. 일본인 행동양식의 특징과 토착적인 사상, 일본사회의 문화적 전통의 실체에 대한 분석을 통해 일본의 정체성을 체계적으로 살펴보고 있다.

261 노블레스 오블리주 세상을 비추는 기부의 역사

예종석(한양대 경영학과 교수)

프랑스어로 '높은 사회적 신분에 상응하는 도덕적 의무'를 뜻하는 노블레스 오블리주. 고대 그리스부터 현대까지 이어지고 있는 노블레스 오블리주의 역사 및 미국과 우리나라의 기부 문화를 살펴보고, 새로운 시대정신으로 노블레스 오블리주를 부활시킬 수 있는 가능성을 모색해 본다.

396 치명적인 금융위기, 왜 유독 대한민국인가 `eBook`

오형규(한국경제신문 논설위원)

이 책은 전 세계적인 금융 리스크의 증가 현상을 살펴보는 동시에 유달리 위기에 취약한 대한민국 경제의 문제를 진단한다. 금융안정망 구축 방안과 같은 실용적인 경제정책에서부터 개개인이 기억해야 할 대비법까지 제시해 주는 이 책을 통해 현대사회의 뉴노멀이 되어 버린 금융위기에서 살아남는 방법을 확인해 보자.

400 불안사회 대한민국, 복지가 해답인가 `eBook`

신광영 (중앙대 사회학과 교수)

대한민국 사회의 미래를 위해서 복지는 선택이 아니라 필수라고 말하는 책. 이를 위해 경제 위기, 사회해체, 저출산 고령화, 공동체 붕괴 등 불안사회 대한민국이 안고 있는 수많은 리스크를 진단한다. 저자는 사회적 위험에 대응하기 위한 복지 제도야말로 국민 모두의 삶의 질을 높일 수 있는 길이라는 것을 역설한다.

380 기후변화 이야기 `eBook`

이유진(녹색연합 기후에너지 정책위원)

이 책은 기후변화라는 위기의 시대를 살면서 우리가 알아야 할 기본지식을 소개한다. 저자는 기후변화와 관련된 핵심 쟁점들을 모두 정리하는 동시에 우리가 행동해야 할 실천적인 대안을 제시한다. 이를 통해 독자들은 기후변화 시대를 사는 우리가 무엇을 해야 할 것인지에 대하여 생각해 볼 수 있을 것이다.

eBook 표시가 되어있는 도서는 전자책으로 구매가 가능합니다.

(주)살림출판사
www.sallimbooks.com
주소 경기도 파주시 문발동 522-1 | 전화 031-955-1350 | 팩스 031-955-1355